僕たちはなぜ取材するのか

極私的取材の世界

藤井誠二 編著

皓星社

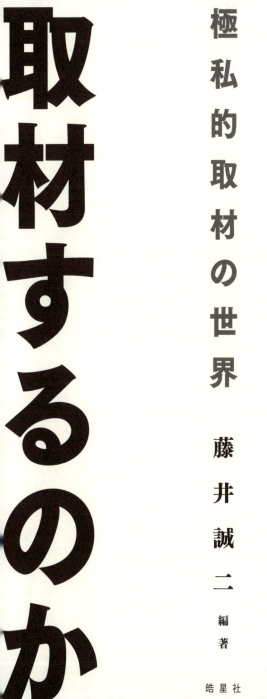

はじめに——大文字の取材論ではなく小文字の取材論

藤井誠二

あらゆる表現行為は、「取材」を欠かすことができない。図書館やインターネットで書物や資料（史料）にあたったり、くわしい人に話を聞いたり、実地を踏んだり……。人それぞれの取材スタイルがある。

とくにノンフィクションやジャーナリズムという表現分野は、取材こそが生命線となる。そうなれば、「人間」と真っ向から向き合わねばならない。対話し、胸襟《きょうきん》を開いてもらい、ときには敵対しながら、相手と自分の距離を計りつつ、言葉を引き出していく。相手と取材者の「間《ま》」に立ち上がる状況のできばえが、取材のよし悪しを左右する。取材者としての己《おのれ》自身が切り取った「事実」とどう向き合い、どう表現するかが肝になる。

僕は、人それぞれの「取材」の方法や手順などについて、人一倍興味がある。だから、リスペクトしている同業の知人や友人らの作品を観たり読んだりすると、真っ先に彼らが取材をしている風景を想像してしまう。

そして、僕はたいがい嫉妬の塊《かたまり》になる。なにに対する嫉妬か。よくここまで取材できたなあ、という嫉妬心が抑えきれないのだ。どういう手法で取材対象にアプローチをしたのだろうか？　これは本当に直接聞き取ったエピソードなのだろうか？　疑問もふくめて、いろいろな思いがアタマのなかを駆けめぐる。取材が進み出すと、共時性とでも言いたくなるような出会いを偶然に引き寄せることもある。そんな記述に出会うと、「この取材者は運も強いのだなあ」と溜め息が出ることもある。

これまで同業の方々が主に新作を出すタイミングでインタビューをお願いして、インターネット上で公開してきた。新作の内容からはじまり、取材の方法のほうへ、話の中心は移っていく。すると、あることに気づくようになった。自分がその問題に取り組んだ理由や、作品化に突きうごかされた背景を語るときに、「客観中立公正」とか「社会公益性」、「報道の自由」、そして「社会正義」といった大所高所に拠ったような「論」を、誰ひとりとして口にしないということに……。

ノンフィクション作家の佐野眞一《さのしんいち》氏が、民族学者の宮本常一《みやもとつねいち》の書いた『忘れられた日本人』（岩波文庫）を紹介しながらノンフィクションの体験を記した本の冒頭に、勉強法や取材術の類《たぐい》は、アタマでこねくりあげた「知」を自負する狭い集団内でしか通用しない「大文字」ばかりの遊戯本だ、と喝破《かっぱ》するくだりがある。そんな「大文字」ではなく、誰にでもわかる、開かれた「小文字」で書きたい。それでこそ、そこに生きた人間の声が定着する。佐野氏は、自身がノンフィクションの書き手になった頃の原点の思いをそう書く。

佐野氏が宮本の著作を読んだのは一九六〇年のことで、おりしも日本社会が反安保闘争がピークになるなど政治の季節を迎え、一方で高度経済成長の時代にも突入していた。過剰に熱を帯び、経済に浮ついた時代に、宮本は孤独に日本各地の僻村《へきそん》を歩いて回り、古老の言葉にじっと耳を傾け、聴き取りを続けていた。佐野氏は、人間の真実は安保反対のデモや高度経済成長の時代よりも、宮本の記録する世界のなかにあると確信したと言う。そして、それが「大文字」を嫌い、「小文字」の世界にひかれていったきっかけなのだと。

僕はこの佐野氏の考え方を自分なりに倣い、一般的に言われている（思われている）ノンフィクション作品を書く理由や、ジャーナリズムの取材行為について言われているような「客観中立公正」とか「社会公益性」、「報道の自由」、そして「社会正義」といった、建前や大義名分を唱えるような言い方が「大文字」なのではないかと考えた。

それらは個々の書き手の独立した信条を十把《じゅっぱ》一絡《ひとから》げにした「大文字」的な言葉だ。他方、本書で私がリスペクトしている書き手たちが語っている言葉こそが、佐野氏の言う「小文字」なのではないか。そう気づかされた。

ノンフィクションやジャーナリズム、そしてドキュメンタリーを語るときに、もっと個人的かつ極私的な言葉があるのではないか？

本書で語り合った書き手たちは、見事なまでにこの「小文字」だけで、それぞれの取材という行為についての考え方や自身の表現世界を語ってくれている。

ノンフィクションやドキュメンタリーの表現者を、取材へと突きうごかすものとはなにか？

自分たちを取材に駆りたてるものはなにか？

そこには「大文字」の理由づけはなく、きわめて個人的な動機があった。強い思いがあった。個々の人生のなかで、「これを取材せずして死ねるか」というくらいのテーマや題材が先にあってこそ、取材者たちは走り出す。取材する対象がどんなものであれ、それと向き合う個々の取材者たちの心のなかやその手法は、「小文字」でしか語ることができないと思う。

僕たちはなぜ取材するのか　もくじ

中原一歩

ノンフィクションで「食」を記述する方法

藤井誠二

中原一歩（ナカハラ・イッポ）

一九七七年、佐賀県生まれ。ノンフィクションライター。高校卒業後、博多の屋台で働きながら、地方紙や週刊誌で執筆活動をはじめる。一九歳で上京後は、南極から北朝鮮、アマゾンの源流からアフガニスタンの戦場など世界を放浪。フリーランスの記者として雑誌「ＡＥＲＡ」「dancyu」「Yahoo! ニュース特集」など数多くの雑誌、週刊誌、Ｗｅｂにルポルタージュを発表し続けている。著書に『奇跡の災害ボランティア「石巻モデル」』（朝日新書）、『最後の職人 池波正太郎が愛した近藤文夫』（講談社）、最新刊は『小林カツ代伝 私が死んでもレシピは残る』（文藝春秋）。

「天ぷら近藤」の凄味　メゴチの香り

藤井　中原さんが四年以上かけて取材して書いた『最後の職人　池波正太郎《いけなみしょうたろう》が愛した近藤文夫《こんどうふみお》』（講談社。以下、『最後の職人』）を読み直して、どこか襟を正す気分で銀座に行って「てんぷら近藤」（以下、「近藤」）の暖簾《のれん》をくぐりました。天ぷらは気取って喰うもんじゃないと思うけど、中原さんが予約してくれたおかげで、近藤文夫さんが素材に粉をうち、ふたつの鍋を自由自在に操って天ぷらを揚げていく、その所作のすべてが見える特等席でいただくことができました。

技に見とれていると、間髪《かんはつ》入れずにつぎつぎと天ぷらが揚がってくる。だから、あっという間に時間が経っちゃった。いちばん衝撃を受けたのは空豆《そらまめ》ですね。名物のひとつの穴子《あなご》は食べ忘れたけれど、食べたなかでベスト三を挙げるとすれば、メゴチ、空豆、そして人参です。海老はもちろんうまいのだけれど、驚きという点ではその三つです。病床の池波正太郎氏に差し入れたのは、空豆と海老の天ぷらを飯の上にのせたものですね。

中原　近藤さんが追求しているのは、美味しいのは当たり前で、「味、香り、感動」の三つが必要だということ。それが彼の職人としてのテーマです。

藤井　鱧《はも》も香りが立っていた。鱚《きす》とメゴチの香りがすごい。メゴチは天ぷら以外じゃ食えない地味な魚。煮ても焼いてもうまくないけど、天ぷらにすると香り高いネタになる。中原さんの本を読んで知ったのだけれど、江戸前のメゴチなんて水揚げ量そのものが少ないそうですね。

中原　少ないですね。貴重な魚です。

藤井　築地市場の仲買《なかがい》さんが、近藤さんのためにメゴチを隠してあることが『最後の職人』に描写されている。その一節がおもしろかった。そして、「近藤」は決して安い店じゃないけれど、原価率から考えると、材料にかなりのお金がかかっていることも知りました。

中原　そもそも、東京湾でメゴチを獲る漁師の船なんてわずかですから。築地でも買う仲卸《なかおろし》は決まっている。メゴチのキロ単価は、天ぷらに使う鱚《きす》よりも穴子よりも高い。高級魚の鯛《たい》や平目《ひらめ》よりも高い。あんな小魚なのに、本当に稀少な魚なんです。近藤さんは、どんなに高くても、毎日、それを百匹単位で買っていきます。値切ることはしません。買う側も、売る側も、ある種の「見栄《みえ》」もあります。メゴチに限らず、魚のよし悪しは、産地とか鮮度もあるのですが、もっとも重要なのは「選《よ》る」ということ。つまり、数百匹のなかから、よい物と悪い物とをあらかじめ選別するんです。相対としての魚の量が多ければ多いほど、いい品物を確保できる確率はあがる。まさに「目利《めき》き」というやつです。けど、メゴチは稀少な魚なので、選ることすらむずかしい。店に江戸前のメゴチが「ある」だけで、それは一流店の証《あかし》なんです。

藤井　そうか。メゴチがどうやって僕らの口に入るかというルートを知ると、メゴチだけを食べに行くだけでも価値があると思えてきます。

中原　天ぷらは、寿司や鰻《うなぎ》、蕎麦《そば》などと並んで「江戸前」の食べ物だと言われます。けれども、寿司や鰻を食べに行こうという会話はしますが、「じゃあ、きょうは天ぷら食べに行こうか」という話はあまり聞きません。日本人の食生活に「天ぷら」は浸透していますが、天ぷらを食べて感激した、感動したという話は聞かない。天ぷらって、衣が厚くて油っぽい。そんな先入観ありませんか？

藤井 たしかに言われてみればそうかもしれない。天ぷらの専門店って意外に少ないし、江戸前だと「寿司」が雄《ゆう》ですもんね。『最後の職人』にも書いてあったけれど、天ぷらというのは、油で揚げる技術で素材の持っている味や香りや旨みを最大限に出すもの。職人の腕の差がもっともはっきり出る料理の分野なんですね。

中原 近藤さんが高校を卒業して修業を始めた頃の天ぷらは、衣が厚くて油っぽい天ぷらが「天ぷら」でした。そもそも江戸時代、まだ魚の鮮度を保つ冷蔵技術も、流通も確立されていない時代に、濃い胡麻《ごま》油で東京湾の浜で獲れた小魚を揚げたのが天ぷらの起源なんです。だから、衣が分厚く、油っぽいのも仕方ない。その天ぷらに対するネガティブなイメージを払拭し、寿司や蕎麦などの和食はもちろん、フレンチやイタリアンと堂々と肩を並べる料理として完成させることに、近藤さんは生涯を賭けて挑んだんです。だから、天ぷらにすることで、ほかのどの調理法よりも一番おいしくなるネタしか近藤さんは揚げません。

藤井 メゴチは煮ても焼いても、ちっともおいしくない。しかし、油で揚げることで、底物魚の特有の磯臭い「匂い」が、食欲をそそる芳ばしい「香り」に化ける。天ぷらを生み出した江戸時代の人は、たいしたもんですね。メゴチは手のひらに乗るか乗らないかの小さい魚。昔は「雑魚《ざこ》」とも呼ばれてた。寿司の小肌《こはだ》と同様、小さくて個性のある食材を好むというのも、江戸っ子ならではですよね。

藤井 鱚はまたメゴチとは違う上品な香りというか、味がしますね。鱚は串カツ屋にもあるけれど、やはり香りの立ち方が違った。もちろん、鮮度やモノが違うということもあるのでしょう。鱚の調理法も天ぷらの独擅場だな、と思いました。

中原 「粉をつけて揚げる」。ただそれだけの料理なのに、それがむずかしい。そもそも、寿司に関する本は数えきれないほど出版されていますが、天ぷらに関する本はほとんどありません。つまり、天ぷらについては名人と呼ばれる職人がいなかったんです。

藤井 別格は、かき揚げでした。つゆにくぐらせて、かき揚げ丼としていただきました。僕はかき揚げが大好きで、日本堤《にほんづつみ》の「土手の伊勢屋」とか浅草の「大黒屋」とかいろいろ行ったのだけれど、いずれも真っ黒な胡麻油で揚げて、タレも黒いから全体が真っ黒な印象で、僕には味が濃すぎる。

江戸前の蕎麦屋で天ぷらを頼むと、だいたい黒くて味が濃い。それはそれでうまいのだけど、「近藤」で食べてからはかき揚げの概念が変わりました。『最後の職人』に書いてあるとおり、かきあげに青柳《あおやぎ》（小柱）が入っているのは希少なんですね。たしかに、僕は食べたことがなかった。青柳と三ツ葉だけのシンプルなかき揚げなのですが、香りがよい。

中原 青柳なんて、いまは量が獲れない。産地は北海道と江戸前（東京湾）なのですが、北海道のほうが柱の粒が大きい。小柱のなかでも大星《おおぼし》といって、大きくて食感がよいもの選んで、近藤さんは使います。香りがよいのは江戸前です。五月から六月の春先から初夏にかけて獲れますが、いまでは

「幻」とも言われています。

藤井　中原さんと「近藤」で食べたとき、天ぷらのネタの「香り」の再発見がありました。中原さんは、天ぷらにレモンをかけなかったでしょう。僕もまねしてやらなかった。塩と天つゆだけで食ったんだけれど、やはり柑橘系の匂いは天ぷらの香りを邪魔しちゃう。「近藤」の塩は石垣島の雪塩ですよね。もともと江戸前の天ぷらは、塩を付けて食うものなのでしょうか?

中原　塩で食べさせるというスタイルは、近藤さんが最初に生み出したのかはわかりません。少なくとも、近藤さんが日本で最初にアスパラガスを天ぷらで揚げ、それに塩を添えた。そもそも天ぷらは天つゆで食べるものでした。塩で食べるという発想は、野菜から来ていると思います。昭和四〇年代の洋野菜がまだ普及していない時分に、近藤さんはホテルの厨房にいた。だからこそ、新しい食材である洋野菜が手に入り、「これは天つゆでは合わない」と考えた。それで塩を添えだしたのですね。

「食」の達人を描くむずかしさ

藤井　近藤さんは山《やま》の上《うえ》ホテルで長く働き、腕を磨いてきた方です。近藤さんがホテルを辞めた二年後に、僕は初めてそこに泊まっていることが、『最後の職人』を読んでわかりました。それ以前は、あそこに泊まったり、天ぷらを食べるのが夢だった。とうぜん天ぷらを食べたのですが、僕が食べた時期は、すでに近藤さんが辞めたあとだった。いずれにしても、揚がったネタをひとつずつカウンターで食べるスタイルに緊張してしまい、ここにいてはいけない気持ちになったのを覚えています。

中原　近藤文夫という職人を生み育てたという意味で、山の上ホテルの存在は重要です。山の上ホテルの創業者である吉田俊男《よしだとしお》さんが食通で、気風のよい江戸っ子の血を引く人だった。そもそも近藤さんは、面接で「君の顔は和食向きだ」と吉田に言われて、一七歳のときに迎え入れられるわけです。そんな面接ってありますか？　あのとき、「君の顔は洋食向きだ」と言われたら、天ぷら職人近藤文夫は誕生していなかった。

藤井　山の上ホテル自体が、文豪のあいだでは非常に有名な場所でした。吉田さんのお父さんが有名な俳人・水原秋桜子《みずはらしゅうおうし》の義理のお兄さんで教養人だったんですね。この時代の経営者の人たちは、いまの時代と比べて人間のスケールがデカいというか、奇人変人が多いじゃないですか。

中原　まさにそうで、吉田も奇人変人のひとりでした。吉田の逸話は『山の上ホテル物語』（白水社）にくわしく載っています。

藤井　そういう人のところに長年いた人というのは、それなりの影響を受けるでしょう。また、相性もよかったのでしょうね。近藤さんが山の上ホテルを辞めると言ったときには、「重役にするから残れ」とまで吉田さんは慰留する。しかし、近藤さんは独立した。

吉田さんは、すでに亡くなっているから話が聞けないし、彼に関する資料もそんなに残っていない。しかしながら、日本の文壇史を語るうえで、吉田さんは欠かせない人です。日本を代表するそうそうたる作家陣が吉田さんを慕っていましたから。近藤さんが吉田さんから受けた影響も計り知れないと思います。
そのへんを、中原さんはどう見ていますか。中原さんの本を読む限りでは、吉田さんはかなりひねくれているし、近藤さんもそれに負けず劣らずひねくれている。そういった人格と人格のぶつかり合いというのは、相当あったのでしょう。

中原　あれだけ有名な老舗のホテルで、戦後、いろいろな料理人が名を連ねるなか、ホテルを円満退社し、独立し、成功した人は、近藤さんをはじめ数人しかいません。多くの職人が、吉田さんのワンマンなやり方には合わず、辞めていった。

ホテルに勤務していた当時、近藤さんのストレスは仕入れでした。ホテルの仕入れは、原価で縛られています。よって、食材の仕入れに使えるお金は限られていた。けれども、それではいい品物を手に入れることができない。近藤さんは、ここぞという客が来る日は、自分の給与を仕入れにつぎ込んでいたそうです。料理人としては、自分の納得する食材で勝負したいじゃないですか。この「仕入れに使えるお金が制限されていた」ことが、このままホテルにいても自分自身が思い描く天ぷらを揚げられないという結論にいたり、近藤さんが独立するきっかけとなるのです。

一方、吉田さんという人物はワンマン経営者なので、原価率を守るのは当然だと一歩も譲らない。つまり、ふたりは「職人」と「経営者」というまったく利害関係の異なる立場で、真っ正面からぶつかったんです。それまで、吉田さんと本気で対峙する職人はいなかった。所詮、職人なんて「雇われ」という意識があったのだと思います。けれども、近藤さんは違った。吉田さんよりも、ホテルに来られるお客様のことを念頭に置いた。だから、ぶつかるんです。
　のちに吉田さんの残した本などを読むと、自分にくらいついてきた近藤さんのことを非常に買っていた。うれしかったんだと思います。吉田さんもホテルのオーナーとして、「ホテルというのはそこの主人の個性を強く反映するものだそうです。うちの悪い点はすべて私の欠点の所産です」とまで言い切っている。

藤井　近藤さんの存在がうれしかったんでしょうね。

中原　吉田さんは、ワンマンで、変人で、お金には細かい人だったけれども、本当の意味で心を許した部下は、近藤さんしかいなかったのではないか。僕はそう思うのです。近藤さんは、お父さんを早くに亡くしています。おそらく近藤さんも、吉田さんの背中に父親っぽいものを見ていたのではないかと思います。

藤井　父親的な存在への反発が、いまの天ぷらにつながっている。

中原　そう。だから、近藤さんの天ぷらには侠気《きょうき》を感じる。逡巡《しゅんじゅん》しないんです。自分の思った通りに一気に火を入れる。自分の信じた道を一心に突き進む、まさに職人そのものですよね。

最初は一〇万円を持って、近藤文夫の揚げる天ぷらを食べに行った

中原　大好きなエピソードのなかに、近藤さんが毎日、河岸《かし》に仕入れに行っていることを百も承知の

吉田さんが、ある日、ふらっと厨房に入ってきて、「うちは冷凍のメゴチでも使っているんじゃないかい？」と皮肉を言ったという話があるんです。

藤井　その物言いに対して激高した近藤さんは、冷凍ではない証拠として社長室に魚の内臓や素材の残りかすをぶちまけにいこうとした。結局、まわりに止められたのですね。

中原　そう。ふたりとも本気だったのです。吉田さんはわかっていて言っているんですけど、近藤さんはそれを真正面から受け止めて、社長と言えども許さないと乗り込もうとした。取材をした限り、ほかの従業員で、社長である吉田さんにここまで食らいついていった人はいないんです。吉田さんの心境としては、経営者は孤独な側面があるから、そうした近藤さんの振る舞いが逆にうれしかったのではないかと思います。

吉田さんは、まだホテルという概念がない時代で、旅館ばかりだったところに、帝国ホテルのような巨大資本ではなく、個人でホテルを営もうとした。当時としては、かなり革新的なことをやろうとして、それを実現した人物です。近藤さんも、これまでにない斬新な天ぷらを揚げようと、あえて自分の道を貫いた。そういう部分で、ふたりは志を共有していたと思います。

藤井　ところで、職人はどちらかというと気むずかしい人が多いと思いますが、近藤さんがどの時点で取材にオーケーを出したのか、いまだに中原さん自身もよくわからないそうですね。最終的には、「書いてよい」と言われるなど、近藤さんから取材許可のような言葉を得たんですか。

中原　そもそも、僕は「近藤」のお客さんとして行きました。僕は九州生まれで、天ぷらといえばお惣菜だったんです。だから、料理雑誌で天ぷらの特集をはじめて見たときに、「これはすごい、食べてみたい」と思った。東京に出てきた一九歳のときに、一〇万円を持って食べに行ったのです。一張羅を着て。ライターとしての仕事もなく、お金もない頃です。

藤井　中原さんは、長らくピースボートの専従スタッフをやっていたけど、それはピースボートを辞めたあとですか?

中原　いえ、ピースボートに入る前の一九歳です。まだ世の中を知らないガキでした。僕は中学卒業後、高校にもほぼ行かずに仕事をはじめました。

いちばん長かったのが、博多のラーメン屋台。そこでも、一応「天ぷら」なるものがあって、冷凍でしたけど穴子や海老とかを揚げていたんです。母が料理上手ということもあって、調理場に立つことが苦ではなかった。その頃、ある雑誌で特集されていたのが「近藤」で、いつか食べたいと思いました。

実際、一九歳でライターを志して上京して、すぐに食べに行きました。そのときの衝撃は忘れられません。銀座という街があまりにも眩しい場所というか、身分不相応のおとなの世界に見えて、当時は「書くのは無理だ」「これはついていけない」と思いました。それでも、「いつかは書きたい」と思っていた。

だから、僕が三〇歳になって、フリーランスのライターとして独立したとき、「近藤」を書いてみたいと思ったのです。

藤井　『最後の職人』は、中原さんが書いた「食」についてのノンフィクションの一冊目ですね。同書の前には、『奇跡の災害ボランティア「石巻モデル」』（朝日新書）という本を出されています。

中原　震災以前から「近藤」の取材はしています。「一作目にはこれを書きたい」と思って、近藤さんには取材のお願いをしに行きました。近藤さんは、朝の七時から河岸に出ちゃう。店の出勤時間が朝の五時半とか六時なのです。事前に「朝おいで」と言われたので、意を決して行きました。

『最後の職人』の出だしにも書きましたが、このとき、近藤さんは、僕に背を向けて、ずっと鰹節《かつおぶし》を削っていました。その背中に緊張感があり、またすごいオーラを放っているのです。おそるおそる「おはようございます」と声をかけたら、「おはようござぃ」と返ってきました。彼は下町の江戸弁を使うので、「おはようございます」とは言えないのですよ。それが、すごくぶっきらぼうに聞こえて、余計に震えました。そして、その一言で会話は終わり、そのあとは、なにもしゃべらない……。静寂が支配した厨房に、鰹節を削る音だけが聞こえてくるんです。どうしようかと思いました。

藤井　目に浮かぶなあ。

中原　「お願いですから、なにかしゃべってくれよ……」。そんなな気持ちになりました。

僕は、ノンフィクションという世界に憧れて、物書きになった。だから、そもそも「てんぷら近藤は○○がおいしい」など、消費のための「情報」を書くつもりは最初からなかった。なぜ近藤文夫という人物が「近藤」という店をつくり、それに生涯を懸けたのか。それを描きたかった。カウンターに出てくるお皿の上の話ではなくて、カウンターの奥、しかも僕らからは見えない世界を書きたかった。

けれど舞台裏を見せたい職人など、ほとんどいない。そこにズカズカと踏み入って、見たことを書かなければならない。近藤さんの気持ちも複雑だったと思います。

藤井 最初は手紙を書いたんですか。

中原 はい、そうです。

藤井 手紙を書いたあとに電話をした？

中原 電話をしました。手が震えたのを覚えています。その答えが「朝おいで」。それだけ。

藤井 その場の緊張感がわかるなぁ。

中原 その空気を察したのか、おもむろに近藤さんがお父さんの話をはじめたんです。近藤さんはお父さんを早く亡くしているんですが、唯一の父の記憶というのが、晩飯前、酒のつまみ用に鰹節をガラスで削っていたというんです。いまのような鰹節削り器がない時代の話です。「僕の親父は、昔これをガラスで削っていましてね」と言われました。そしたら、急に「やってみますか」と……。

「やってみますか」と言われても、当然できるわけないじゃないですか。見ると木製の削り節を削る箱の表面が、飴色に変色しているんです。毎日、毎日、休むことなく削るもので、鰹節の表面の色がこびりついている。この人は、店の主人になっても、毎朝、誰よりも早く来て、ここで仕込みをしているのだと思いました。最初の朝はこの程度の会話があったのは覚えていますが、そのあとはどうしたか覚えていないのです。

「取材していいよ」とは最後まで言われなかった

藤井　このあいだ、僕も近藤さんにごあいさつをさせていただきました。多弁な人ではないだろうということは、僕にもわかりました。ときどきこっちをギロッと見る眼力がすごかった。

中原　目がでかくて、人を下からをジロッと見上げるような……。ちょっと目線は怖いのです。

藤井　あの目線で、アラーキーを思い出した。写真家の荒木経惟《あらきのぶよし》さんも、サービス精神が旺盛すぎて、ずっとまわりを盛り上げるためにしゃべり続けている。あまり目線を合わせない。しかし、時々ギロッと下から見ることがあって、僕はビビッてました。サングラスをかけてるからわかりづらいけれど。あの人も下町の下駄屋の息子で、職人気質の人にはそういうところがあるのかな。

中原　あります。顔が笑っていても、目が笑っていない。僕は最初「おはようござぃ」と言われて話が続きませんでした。しかもそのとき、カウンターの向こう側の台所に暖簾が掛かっていて、その暖簾越しに声をかけたのです。厨房というのは料理人にとってプライベートな空間で、他人がズカズカと土足で入るような場所ではない。暖簾の内側に外部の人間が入ってよいものなのか、と戸惑いました。まるで、内と外とを分ける結界のようでした。

藤井　近藤さんに取材を申し込む前には、何回くらい食いにいったんですか。

中原　二回か三回です。

藤井　自分を印象付けるために何度も食いに行ったり、顔を見せに行っているのかと、僕は思っていました。僕もホルモンの食べ歩きコラムを四年半ほど「漫画アクション」（双葉社）でやりましたが、たまに言われたのは「うちの店に来たことあんの？」ということでした。

マンガ雑誌の一ページのコラムだから、一回に書く分量は短い。だから、ひとつの店を何回かに分けて書きましたが、当然すべての店に何度も行っている。でも、二回食べに行ったけれど入れなかった店が一軒だけあって、入らないまま、先に取材の申し込みの電話をしてしまった。

一緒に食べ歩きをやっていた相棒が何度も行っていて、味はまちがいないから取り上げたいと思っていた。でも、順番をまちがえちゃった。そういうのって意外と職人は見ているから。「来てねえじゃねえか」みたいな話になる。中原さんは、一九歳のときから三〇歳を過ぎて取材交渉をするまで、「近藤」にはずっと行ってなかったのですか？

中原　二〇代の僕は、ピースボートで世界をめぐっていました。給与も安いし、銀座に天ぷらを食べに行くことなどありえませんでした。ピースボートを辞めて、フリーライター一本で勝負しようと思ったとき、ある雑誌の築地特集に参加することになりました。そこで、築地でもっとも有名な「山《さん》五《ご》商店」という穴子屋さんを紹介してもらったんです。東京を代表する寿司や天ぷらの名店が、こぞって穴子を仕入れるお店です。そしたら、その山五の軒先で、主人と話し込むひとりの料理人に遭遇しました。それがおもしろくて「江戸前の穴子のなかに、一匹だけ韓国の穴子が混じっていた」と言うんです。つまり、その料理人には、穴子の顔で産地がわかるです。あとから店の人に話を聞いたら、「近藤さんという人で」と。「そうか、あの近藤さんか」と思い、十年前の衝撃を思い出したんです。すぐ予約をして食べに行きました。そこで、一〇年前と変わらない、いや、格段に進化した近藤さんの天ぷらを目の当たりにしたのです。そのとき、やはり「これは書かずには死ねない」と思いました。

藤井 その空白の一〇年が、中原さんを取材に駆りたてたわけですね。ところで、中原さんが朝五時くらいに近藤さんのところへ行った最初のときに、それで一応「取材していいよ」という話になったんですか。

中原 いや、最後まで「取材していいよ」とは言われませんでした。ただ、取材を始めて三年目くらいに、近藤さんが僕のことを指して「うちの弟子のようものなのです」と同業者や河岸の人に紹介してくれるようになりました

藤井 その時点でオーケーじゃないか、と思ったんですね。

中原 はい。河岸ではいつも、近藤さんはポケットマネーを出してお弟子さんと朝ご飯を食べます。ある時期から朝食に混ぜてもらうようになって。そのときに「これは書いてもいいのだな」と感じた。取材を始めて一年半後くらいかなぁ。こちらとしては、早く出版社に売り込まなければいけなかった。だから、いつ取材のオーケーが出るのかとても心配でした。

藤井 ということは、出版社が決まる前に取材を始めたのですね。

中原 そうです。河岸の話はおもしろくて、個人的に興味があったので、取材はキツかったけど苦でありませんでした。それに、どこかで近藤さんに本気度を試されているのでは、と思いました。だか

らこそ、一年くらい経って、「弟子のようなものですよ」という話になったときは、うれしかったですね。

藤井　そのあたりのやりとりが言葉じゃない、江戸っ子の粋というか、近藤さんはきっと、「俺に『取材していいよ』なんて言わせんなよ」って気持ちだったんじゃないのかな。

予算は三〇〇〇円！　繰りかえし有名寿司店で寿司を喰う

中原　二〇〇八年から「近藤」の取材を始めて、本を出したのが二〇一三年。途中、震災もあって取材が中断したこともありました。けれど、最終的には四～五年、取材をしたわけです。「近藤」には、天ぷらを食べるために取材中も通いました。一回一万円としても、どれだけ散財したことか。けれど、取材ではなにより、河岸での近藤さんの立ち振る舞いや仕入れの様子を観察しようと思いました。料理雑誌の取材をしていたときに、毎日河岸に通っている料理人なんて、じつは少ないことを知っていたからです。

テレビでは「毎日、仕入れに行っています」と胸を張っている料理人も、河岸で取材すると「あの人はね、口が達者だからね」となる。料理人、とくに日本料理の板前は、毎朝、市場に通っているイメージがあるじゃないですか。しかし、通うということは、店が繁盛していないといけないし、なによりも早朝に起きて河岸まで出てこないといけない。毎日となると財力、体力、精神力を必要とするのです。
　だから、近藤さんが「毎日通ってネタを自分で仕入れています」と言ったとき、初めは「本当かな」と思って、一緒に「河岸に通わせてほしい」と申し出ました。と、同時に、ノンフィクションという性格上、近藤文夫という人物を取り巻く周囲の人々、とくに食材の提供先である河岸の人々の話を聞くことは必須でした。けれども、河岸という世界は閉鎖的で、一見《いちげん》の取材者が数回足を運んだところで取材できる場所ではないんです。

藤井　河岸での近藤のさんの立ち振る舞いについては、『最後の職人』でもかなりのページを割いています。

中原　そうです。河岸という社会のなかで、近藤さんがどのようにネタを仕入れているのか、また周囲の人物はそれをどう見ているのか、ということを丹念に取材しました。

藤井　河岸に通って、いろんな仲買人と話をして。

中原　そうです。そもそも河岸はいまでも、売る側と買う側は対面商売をしています。そこに行けば、どの料理屋が、どの店（仲卸）でなにを仕入れているか、すべてわかる。とくに、どのランクの食材を使っているかは、店の信用に関わることなので、余所者《よそもの》には絶対に明かさない。いまでも支払いの際には「符牒《ふちょう》」と呼ばれる河岸独特の隠語が使われています。けれども、料理という世界をノンフィクションで書く以上、この部分を書かないわけにはいかない。だから、彼らに受け入れてもらうには、通うしかないと思いました。

藤井　どれくらいの期間、仕入れには付き合ったのですか。

中原　きっちり三年です。もちろん、毎日という訳にはいきませんでしたが、少なくとも週三回は行きました。けど、起きるのが朝五時。長靴履いて、始発のバスに乗って、六時半には市場に入る。取材は二時間ほどで終わるので、九時くらいには帰るのですが、出勤するサラリーマンやＯＬで溢れる満員電車に、ひとり、魚臭い長靴で乗るもんだから、やたらジロジロ見られました。オレはなにをやっているんだろうと、何度も思いました。だって、別に三年、週三回で通う理由はないんです。

とはいえ、三年通ってわかったことは、近藤さんは、どんなに前日、遅くても一日も休まないということなんです。驚くのは、河岸の人に聞いても、それは四十年変わらないということです。それは、いまもそうです。近藤さんは御年七〇歳、古希です。このエピソードだけでも、この人は「本物」だと思いました。

藤井　徹底的に取材現場に通うことはノンフィクションの鉄則ですもんね。そうした取材方法をどこで身につけたのですか？

中原　もともと僕は料理雑誌が好きで、料理のことを取材して書きたかった。駆け出しのライターのときに、ある出版社の編集者が僕にこう言いました。

「食べ物のことをやりたいのだったら、とにかく銀座を知らないと話にならない」

つまり、銀座の飲食店を知らずして、食べ物は書けないというのです。とは言っても、なにをすればいいのかわからない。で、その編集者がなにをしたかというと、僕が編集部に顔を出すたびに、三

○○○円をくれるのです。そして、「この金額で、銀座の寿司屋を片っ端から食ってこい」と命令するんですね。

藤井　三〇〇〇〇円あれば銀座で寿司を食える、ということですか？

中原　それがポイントで、三〇〇〇〇円では銀座で寿司など食えない。けれど、一九九〇年代の銀座の寿司屋にはまだ「お好み」という制度がありました。「お好み」とは、注文した数だけ勘定を払うという、昔ながらの商売です。いまは「おまかせ」と言って、すべて店主にまかせる寿司屋が多いのですが、昔は違いました。

藤井　「お好み」なら、三〇〇〇円で食えるということか……。

中原　そうです、たいていの寿司屋なら。だから、片っ端から寿司屋をまわるんです。ちなみに「すきやばし次郎」は、食べさせてもらえませんでしたけれど。

その編集者は、「銀座は一七時に暖簾がかかるから、開店直後に行きなさい」と言いました。ですから、一七時に店の暖簾をくぐって、カウンターに座るなり「三〇〇〇円でお願いできますか」って切り出すんです。

三〇〇〇円だと、だいたい握りが七貫と巻物を一本食べさせてくれるのですが、そうやって食べ歩いているうちに、たとえば「鯵《あじ》は入っているな」、「イカは入っているな」、「ここは鮪《まぐろ》の赤身が入っていたな」、「シャリはこうなんだ」、「ワサビは目の前で擦ってくれるんだ」というように、各店の違いがわかるようになってきたのです。この寿司屋まわりを、約一年にわたり、月に一〜二回ほどさせられました。

藤井　取材の入門編としては、とてもわかりやすい。でも、度胸がいるでしょう？

中原　はい。断られる店もありました。それに、ネットがない時代なので、店情報が簡単に手に入らない。その店がいくらするのか、どんな店なのか、まったくわからないところを、とにかく片っ端から暖簾をくぐれというのです。最初は度胸がなくて、店の前をウロウロする日が続きました。

藤井　断られた理由は、「三〇〇〇円でお好みを握る」というシステムがその店にないということですか？

中原　そうです。僕の風体もあったと思います。だって、二〇歳そこそこですよ。いかにもお金のない、銀座という街には似つかわしくない、いわば「子ども」でしょ。そんな人が来る街じゃないんですよ。銀座は。いまでも、受け入れてくれた店とそうでない店を明確に覚えています。

それでも、その修業は一年くらい続きました。ある日、その編集長が「どこの店がよかったか」と訊くわけです。僕が「ここがいい」と答える。非常に有名な寿司屋です。その後、編集長に連れられて、そこの寿司屋のカウンターで並んで食べました。夜は酒込みで三万円以上する高級店です。感激しました。白木《しらき》のカウンターを前に、包丁を握る職人は、檜《ひのき》舞台で舞う歌舞伎俳優のようでした。本当にカッコよかった。その店は、三千円払って一度食べたことがあるのですが、おとなと来ると、同じ店でもまったく違う世界に見える。もちろん、座る場所から出てくるものまでまったく違う。大満足で店を出ると編集長が帰り際に「どうだった」と聞いてくる。「うまかったです。ごちそうさまでした」と答えたら、「おまえ、カネをやるから、予約を取って明後日にもう一回行け」と言うわけです。そして、「そのときに食べて美味いと思ったら名刺を置いていけ」と言われました。つまり、最初は三〇〇〇円で食べに来た兄ちゃんが、まともなおとなに連れられて来て、さらにその二日後に来ている。「絶対に覚えているから」と編集長。言われた通りに帰り際、「取材をさせてください。ライターの中原と申します」と名刺を切りました。

藤井　なるほど。いきなり取材をさせろではなく、段階を踏んで、取材を申し込むということですね。

中原　はい。編集長には「グルメライターにはなるな。ジャーナリストになれ」と言われました。つまり、自分の主観だけで、おいしかった、マズかったと評論するつまらないライターにはなるな、と。店の主人に「大間《おおま》の鮪」と出されたら、まずはそれが本当に大間の鮪かどうか、河岸の仕入れ先まで行って調べろ。店の主人がもっとも見せたくない、店のバックヤードを取材しろというのです。

藤井　含蓄にとんだ、粋な話だなあ。

中原　いまは、こんな粋なことをする編集者はいません。ネットをふくめ、情報だけなら取材しなくても検索すれば済む時代です。けれども、ノンフィクションとして店や料理人を書くということは、「情報」ではなく、感情のある生身の「人間」と繋がらなければ書けない。

そういう意味でも、取材する側の僕らが取材対象者の料理人に「こいつはやるな」と思わせないと、まともな取材はできない。近藤さんの取材のときに、河岸に通おうと思ったのも、この体験があったからでした。

藤井　五年も取材しているあいだ、取材にかかる費用はどうしていましたか。

中原　もちろん、すべて持ち出しです。「近藤」の飲食費だけでも、年間二〇万円近いお金を払っていました。交通費もすべて持ち出しなので、雑誌で稼いだ原稿料を全部、これに突っ込むみたいな生活でした。本が出版された時点で「赤字」でしたし、わずか数千部では「儲け」はまったくのゼロです。

藤井　同じ店に集中して通うことを「食べ込む」という言い方をする料理の専門家もいますね。「食べ込む」なんて日本語はあったかしらと思うけど、僕も自宅や仕事場からわりと近い距離に気になる店を見つけると「食べ込み」ます。取材をしようという目的じゃないけど——その後、取材させてもらった店もあります——気に入ったら三日か四日連続して通う。そうすると、店の側も物好きだなあとかならず覚えてくれます。先日も、仕事場の近くの行ったことがなかった居酒屋に、ランチをふくめて昼・夜・昼・夜・昼、と五回連続で通いました。帰るときに次を予約しておくのです。最後は主人が店の外まで出て見送ってくれました。

中原　食べ物の取材の基本は、なんと言っても食べること。そして自分の舌を鍛えること。評論家が「うまい」から「うまい」のではなく、自分にとってなにが「うまい」のかがわからないと話になりません。そして、もっとも大切なのは、皿の向こう側への好奇心だと思います。

　結局、私たちが食べる料理は、完成品であって、そこに至るまでのプロセスはほとんどわからない。見えない世界を「可視化」するのは、ノンフィクションの取材の基本なので、まずはできるだけ風下から風上に、そのプロセスを逆におっかけることにしました。でも、それを主人に黙って、というのは、料理に限ってはあり得ません。芸能のスクープ記事ではないので。大切なことは、料理人との信頼関係のうえで取材をおこなうということです。そのためには、主人の懐に飛び込む度胸も技量のひとつですね。

藤井　狭い店で料理人の「視界」に入るというのは、簡単なようでむずかしい。普通に客として食うのは大事なのだけれど、なるべくその人の目線の先にいることが大切でしょう。たとえば「近藤」のカウンターだったら、近藤文夫さんの手元が全部見える位置に座り、手元を見させてもらいながら食べる。

一回じゃ全部食べられないから、二回目か三回目に行ったときには、店のメニューを網羅するようにいろいろ食べる。「三回目に名刺を置いていけ」というのは、その編集長が考える「そこしかないタイミング」なのだろうな。僕はそういうルールを自分に課さなかったけれど、なんだかんだ言って、取材を申し込むのは店を訪ねはじめて三回目くらいでした。

僕が長年取材を続けてきたモツ焼き屋の場合も、職人に対して僕の存在を印象づけながら、だいたい訪問三回目くらいのタイミングで名刺を置いていくようになりましたね。時間がなくて、初めて行った店でそうしたこともあったけど。

取材をさせてほしいと切り出すタイミング。これは場数を積むしかないですね。

忙しい時間にそういうことをしても相手にされないことが多いし、「いまこのタイミングだ」っていうときがある。タイミングを逃した店って、取材を断られた確率が高い気がする。

中原　「こいつよく来ているな」とか「こいつよく見ているな」とか、店の人にそう思ってもらえるのは、取材者としては最初の関門かもしれません。

グルメブームの到来とともに、料理評論家と呼ばれる人が雑誌で重宝されるようになった。彼らが一度か二度来て「まずい」と書くのは、もちろん自由です。しかし、「まずい」と言い切ってしまうということは、その皿の向こう側にいる、たとえば生産者とか仲買とかそういう人たちも否定してしまうことになる。個人の主観も大事ですが、それだけで、その料理を評価してしまうことには、僕はいささか抵抗があります。まずければ書かなければよい。

近藤さんが出すものを僕はリスペクトしている。近藤さんの天ぷらを食べて「感動」したから書きたいと思った。だからといって、近藤さんから出されたものが仮にまずかった場合、それを「うまい」と書くつもりはまったくない。ただ、そのときは、「私の口には合わなかった」など、明確に主観を入れて書くと思います。まあ、そんなことはなかったのですが……。

結局、人を書くことが僕らの仕事だと思うんです。食べるという行為には「食べる喜び」と同時に、「食べないと生きてはいけない」という辛さも内包している。少し大げさに言うと、「生きる」という行為を描くということ。その一皿に心血を注ぐ、人生を賭ける、そんな人間の有り様は、人の気持ちを揺さぶります。僕を育ててくれた編集者が言う「グルメライターになるなよ」とは、そういうことだと思います。

藤井　グルメ情報誌の記事もふくめ、論外な書き手がざらにいて、お店側も辟易としていることが多い。

某有名ホルモン屋で店主から部位についていろいろ質問され、僕がその人よりくわしいことがわかり、そこから関係性が急に変わって取材が進んだ。そういうおもしろい体験をしたことがあります。つまり、グルメ情報誌のライターが来て、「ところでモツってなんですか」みたいな質問を平気でしてくることが何度もあって、店主はそのことを怒っていたわけ。予習もせずに店を訪ねるなんて、料理人に対して失礼だよね。

中原　「食」というものが、週刊誌や雑誌において消費の対象にされてしまった。そうなってくると、どうしても情報先行型で「情報をとってこい」みたいな話になっちゃう。それに、いまでは「食べログ」などネットの力は大きい。極端なことをいえば、料理について右も左もわからない人たちが「うまい」「まずい」と勝手に感想を書いたレビューが、社会でそれなりに影響力を持ってしまう。

そんな情報の前に、その一皿の料理ができるまでの物語だとか作り手の人生など、そういったものが全部なかったことにされてしまう。それはダメだろうと。そのためには単行本として、ある程度の年月をかけ、取材してまとめるという手法でしか、王道の食のノンフィクションは残せないような気はします。

藤井　一定の分量を書くためには、かなりの取材をして、さまざまな周辺事情も書いていかなければならない。近藤さんが扱う食材の産地を、中原さんは取材者として一緒に訪れている。そういう場面の記述はおもしろい。取材中は、彼の行動のすべてを、爪の先まで観察したいということですよね。

中原　そうですね。極端にいうと、近藤さんの天ぷらに興味があるのではなく、近藤文夫に興味がある。だから、僕は取材をする。

言葉に言いあらわせない「ちから」で職人が磨かれていく様を書く

中原　あと、やはり理屈では割り切れないことがあります。たとえば、近藤さんが山の上ホテルから独立をするきっかけになったのは、歴史小説の大家である作家・池波正太郎の存在がある。さらに、写真家の土門拳《どもんけん》さんの影響もある。近藤さんは最初、土門拳という写真界の大御所の顔を知らなかったと言います。

藤井　土門拳が亡くなる少し前のことでしょう。

中原　はい。そのとき、すでに土門さんは車椅子だったと聞いています。ただ、近藤さんの揚げたハゼの天ぷらを食べて、よほど気に入ったのか、三日連続で店に来たそうなんです。しかし、当の近藤さんは、それが誰だかわからない。帰り際、一言、「おいしかった、また来るよ」と言われたことだけ覚えている。

そして、後日、近藤さんの元に「味」と書かれた色紙が届くのです。送り主を見ると土門拳。無骨で荒々しい署名の上に、「拳」という落款《らっかん》が、ドーンと押してある。普通の人ならそれで「うれしかった」で終わりです。

けれど、近藤さんは、この色紙で人生の方向性が変わったと断言されるんです。当時、近藤さんは先に書いた原価の問題などから、ホテルを退職し、独立しようと思案していた。一介の雇われ職人として天ぷらを揚げることに限界を感じていたんです。この頃、自分はなんのために天ぷらを揚げるのか、と自問自答していたと言います。そこに「味」の色紙が届く。

あるとき、その「味」という文字を眺めていた近藤さんは、心がざわつき、その場に突っ伏してしまった。そして、こう思ったそうです。「そうか、味という字は、口に未来の『未』と書く。食べて、単においしいではなく、未来に残るような『感動』を与えるような味を追求しないといけないのだ」と。

こうして、近藤さんの生涯のテーマである「感動」という境地が形成され、翌年、ホテルを辞めて、自分の店を銀座に出す「賭け」に出るのです。そして、「人参」や「さつまいも」など、それまでになかったオリジナルの天ぷらが誕生する。近藤さんは、本当にこの色紙に背中を押されるようにして、独立するのです。

このエピソードを聞いたときに、こう思いました。つまり、土門さんは近藤さんの悩みを吹っ切るために色紙を贈っているとは思えない。にもかかわらず、近藤さんは、この土門さんとの出会いによって本当に人生が変わってしまう。つまり、名料理人というのは、自分でただただ修業をして、ただ地位を築いていくのではなく、その時代を生きたジャンルの異なる名士によって、時代の先端へと引き上げられてゆく。人間が人間との交わりによって、ひとつの時代は作られてゆくのだと痛感しました。
　もちろん、土門さんが一方的に置いていった「気」のようなものを、ものすごい想像力で解釈している近藤さんもすごい。この台本のない、けれども、まるでなにか別の力がふたりを結びつけているようなエピソードに、ノンフィクションの堪らない魅力を感じたのです。
藤井　『最後の職人』を読んで、どうしてもわからなかった点があります。タイトルにもなっている作家の池波正太郎さんと近藤文夫さんの関係です。近藤さんは池波さんのことを、ある意味、父親のように慕っているようにも見えますが、だからといって、べったりと付き合うということはなかったんですよね。
中原　はい。池波さんはとても気遣いの人だったようです。もちろん、ホテル側は大作家なので、池波先生の予約が入ると念には念を入れて準備をする。近藤さんも、池波先生が好きな季節の味を仕入れて、お越しになるのを待っていたと思います。
　池波さんが店に来るのは決まって客の少ない夕方だったそうです。自分がいると店の者が自分に気を遣い、ほかの客に目配せできなくなるので、あえて忙しい時間帯を外して来たと言われています。
藤井　近藤さんは、そんな池波さんの人を気遣う「優しさ」に惚れたのでしょうか？
中原　そうです。ふたりが知り合ったのは、近藤さんが三〇代。まだ青年料理長だった頃です。
藤井　『最後の職人』にもエピソードがあったけれど、ふたりの距離が縮まったのは「年齢事件」ですよね。池波さんが、近藤さんに「何歳に見える」と自分の歳を訊いたら、近藤さんは当時五八だった池波さんに「七〇ですか」と答えたという。

中原　そう。すでに貫禄があり、世の中にその名を轟《とどろ》かせていた池波さんを、近藤さんはかなり高齢だと思いこんでいた。会話はそれで途切れ、池波さんも、そのときはショックを受けたそうです。近藤さんも、あとでオーナーの吉田さんに「バカヤロー」と怒られ、落ちこんだそうです。ホテルにとって池波は上客中の上客で、これで来なくなったら、ホテルとしては大変な財産を失うことになる。近藤さんは責任を感じて辞表を書いたそうです。実際には、天ぷらを揚げている最中に、お客さんが何気なく歳を聞いてきたので、「七〇ですか」と言っておいた。その程度の話だと思うのだけど……。

藤井　でも、一週間後に池波さんは涼しい顔をしてホテルに来るんですよね。

中原　はい。このときのことを近藤さんは、「こちらに非があったにもかかわらず、いつものように笑顔でお店に来られました。あの事件のことには一切、触れません。救われたという思いと同時に、この人には一生、頭が上がらないと思った」と回想しています。それから、正月のたびに池波さん宅へおせちを作って持っていくという関係になっていく。それ以降、池波は、近藤さんのことを「こんちゃん」と親しみを込めて呼ぶようになったそうです。この人だと思ったら全身全霊で尽くす。まさに近藤さんの職人魂を感じました。

すごいと思います。やはり、ある時代まで客が店を育てるということがあり、そういう場所のひとつが山の上ホテルだったと思うのです。多くの文人がそこに行って歴史を創っていった。現在の、異業種交流会のように、ビジネスを目的とした集まりではなく、単に食事をする一時間のなかで、客は

「今日もうまかった」と言って帰っていく。ただ、それだけなのに、職人には堪らなくそれがうれしい。近藤さんは、とくに父親を早く亡くしているので、そうした先達たちに、どこか「オヤジ」の背中を重ね合わせたのではないでしょうか。

藤井　親父が何気なく言ったことを、息子が真正面から受けとめて、深く解釈する。すばらしく豊かな感性を持っていますね、近藤さんは。

中原　そこに共通するのは「江戸っ子」の血脈でしょうね。吉田さんにしても、池波さんにしても、近藤さんにしても、いにしえの東京下町の文化をいまに受け継ぐことを自任して、その誇りを実直な仕事に反映させています。近藤さん至っては、「池波さんが亡くなってからが本当の恩返しです」と言って、二〇年間、池波さんの家におせちを届けるのです。池波さんと手紙のやり取りをしたと言っても、年に数回ですよ。

藤井　凄みを感じる話です。池波さんも土門さんも近藤さんと親しくなってから、それほど時間が経過しないうちに病気で亡くなってしまう。これは僕の妄想だけど、職人が作りだす料理とか味というものは、食べる側の「死」と交叉することによって、円熟味が増したり、凄みが増すということもあるのかな。

中原　あると思います。結局、天ぷらは粉を付けて揚げて、客の目の前に出す。本当に一瞬が勝負の食べ物であり、刹那的な食べ物なのです。近藤さんは、その一瞬のために、食べに来る人に対して全力でもてなす。

藤井　近藤さんの鬼気せまるようなプロ意識が、池波さんに傾倒していった理由なんじゃないかな。ネタの選び方からなにから完璧主義。入れこみ方が尋常じゃない。だから、同じように人にも入れこむ。とくに、好きになった人には入れこむ。

中原　僕が思ったのは、ここまでよく人に尽くすな、ということです。こんなに人に尽くす人を見たことがありません。いつも朝の四時半ちょっと過ぎに、従業員の誰よりも早く起きて、仕事をして、ひとりで天ぷらを揚げて、帰るのは〇時でしょう。一日四時間くらいしか寝ていない。これを四〇年とか五〇年とか続ける。とにかく自分でやらないと気が済まない。

技術うんぬんの前に、驚異的な体力と精神力だと思いました。

近藤文夫は『最後の職人』を読んだのか

藤井　ところで、近藤さんはこの本を読まれたんですか？　お店のレジの横には積んであったけど。

中原　読みました。

藤井　なんて言っておられました？

中原　やはり江戸の人です。「よかった」とか「こうです」とか言ってくれれば張り合いにもなるのですが、「僕の知らないエピソードがたくさんありますね」と一言だけでした。そして、「店で一番売ります」と言ってくれました。どこの書店よりも「近藤」で一番売ります、と。実際、千冊以上売っていただいています。

藤井　そこも粋だね。店で売ってくれるなんて。

中原　僕が二八歳のときに取材をスタートしたのですが、彼もあるときから僕をライターとして認めてくれました。一方、僕の書き方や文章の内容を見せてくれとは、一切言われなかったです。

本に書かれた内容について、じつは数カ所ですがまちがいがありました。致命的なまちがいではありませんでしたが。そこは、近藤さんの奥さんからていねいなお手紙をいただき、指摘してもらいました。「ここは違います」と。それで、忙しい近藤さんが本当に読んでくれたのかどうか、奥さんに聞いたのです。すると、「読んでいました」とのこと。一応、読んでくれたのだと思います。

藤井　これは料理人に限らないけれど、人物ルポを書くうえでたいせつなことのひとつは、「当人の知らない世界」をも取材者が描きだせるか。当人の履歴のなかで、その人が立体化するようなことが書かれていることは、当人にとっては一番うれしいことなので。「僕の知らないエピソードがたくさんありますね」というコメントは、最大の褒め言葉なのではないかと思います。

中原　そう言われると、うれしいです。近藤さんとは、最終的に五年ほど付き合ったので、「今日はノッてないな」と体調までわかってしまいます。

藤井　寡黙な人だと、言葉が少ないから苦労しただろうと思いました。だから、あえて一緒にいろいろな場所に同行するなどして、場面を切り取る。取材の方法論としては、それが重要ですよね。『最後の職人』を読むと、当人の言葉はそうとう少ない。

中原　そうですね。近藤さんはノッたらよくしゃべるのですが、そもそも忙しいので話す時間がないという問題があります。インタビューの時間を取るのに、なにより苦労しました。

藤井　僕もホルモン屋の連載で店主に話を聞きましたが、インタビューをするのは仕込みの時間でした。そして、結果的にそれはよかった。たとえば毎日、芝浦にバイクで行く店主がいる。その人がバイクで店に帰って来るのを待って、一緒に店に入る。その人が手を血まみれにして肉をさばく。それを見ながら、血のにおいのなかでインタビューをしました。さらに、ホルモンを茹でるときは、かなりの獣臭《けものしゅう》がする。

みんな、肉を串に打ちながらしゃべっていた。あとは休みの日に、酒を飲みながら話を聞いたり……。ホルモン屋の店主って照れ屋が多いし、とくに江戸っ子の人は面と向かって喫茶店でしゃべることなどありません。

中原　それは、絶対にできないですよね。

藤井　ある人は「おはようござぃ」も言わないし、なにも言わない。よく言ってくれて「おう」。たいがい無言なので、「怒っているのかな」「機嫌悪いのかな」と相手の気分を察するところから、いつも取材が始まってた。

「食」の職人の技は本人にしかわからない「世界」がある

中原　近藤さんのその日の機嫌が読めないというのは、僕も苦労しました。これは天ぷらの話ではなかったので、最終的には書きませんでしたけれど……。

一二月三〇日、三一日とおせち料理を作っている現場を取材したときの話です。おせちで一番重要な煮しめの南瓜《かぼちゃ》の味に納得いかなかったのでしょう、近藤さんが僕の目の前ででかい寸胴《ずんどう》に入った南瓜を全部捨てたんです。そのときの弟子たちの震え上がり方といい、空気の凍りつき方といったらなかった。さらに、取材者として僕がそこにいたからダメだったのだろうかとか、空気を乱したのかな、と思ったりしました。写真を撮りましたから、そのシャッター音が気にさわったのか、とか……。

藤井　暖簾の向こう側に入る。厨房は狭い。だから取材している僕らが邪魔になって、いつもの呼吸を乱しているのは明らか。やはり「今日はモノがよくねえな」とか聞こえてくると、俺のせいかなとかいろんなことを考える。こうして、だんだん質問がしづらくなる……。

中原　それは当然ですよ。厨房の片隅で固まっちゃう。でも、固まれば固まるほど邪魔になる。近藤さんを取材するなかで、たいへんだったのは油の温度です。たとえば「いま（油の温度が）一八〇℃です」と言われても、僕らにはわからない。「かき揚げはヒョイヒョイと揚げて、こうやるのですよ」と言われても、テキストで描写するのは非常にむずかしいですよね。

藤井　天ぷら一個一個のネタによって、揚げ方が違うとか、鍋の移し方とか、どうやって二個の鍋を使い分けているのかなど、表現がむずかしいと思います。

中原　見ていてもわからない。彼自身にも公式はないのです。よく雑誌などで「近藤は温度の違う二つの鍋を使い……」という記述を見かけます。つまり、高い温度、低い温度と使い分けているという説明です。確かにその通りなんですが、「近藤」の客席は一五席と、普通の天ぷら屋の倍なんです。つまり、一度に一五人を相手にしながら、なおかつ素材によって異なる油の適温を探っている。あるものは一六〇℃、あるものは一八〇℃、さらに二〇〇℃。その火入れにこそ、天ぷらの極意があります。これをパーフェクトにやるというのは、かなり集中力がいるのです。

藤井　手元で火の調整をしていましたね。

中原　たとえば、アスパラガスを一五人前揚げるとして、同じアスパラガスでも個体差があるので、微妙に太いものと細いものがある。当然、太いほうが火の通りは遅いので先に鍋に投入しないといけない。それに、野菜を揚げるとき、もっとも大切なのは、その野菜が内包している水分の量だと近藤さんは言います。その水分含有量を図るために、揚げる寸前に、アスパラガスの軸の部分をパキッと折るのです。その音で、その差を把握する。アスパラガスの太さと水分含有量、これらを計算をして揚げ、揚げ上がりは、最初の一本と最後の一本が同じ状態で上がらなくてはならない。人間だから、微差は出るものの、その差をなるべく均等にすることが、職人の技量だと言っていました。

けれども、いざ客の前に立ったら、いちいち考えている暇はない。身体が勝手に反応しなければ、一度に十五人前のてんぷらを揚げることはできない。寿司職人と天ぷら職人が決定的に違うのは、火を使うかどうかです。火を使うっていう部分で、すごい集中力が必要になる。いわばメラメラするものがあり、鬼気迫るものがあるのです。

藤井　肉を焼いている人もそういうところがある。確かに、モツ焼きで串を一本一本焼いているのを見ているときに、焼き上がりのタイミングを訊いても僕らにはわからないからね。

中原　理屈じゃない。けれど、彼らのなかではまちがいなくなにかがある。だからそのタイミングで油を変える。ただ、それを外から見ている人は「あれは一六〇℃と一八〇℃の鍋を使い、温度差で揚げているのだな」と思っちゃう。けれど、そこにはもっと深い世界があると思います。

藤井　『最後の職人』を読んでいて思ったけれど、天ぷらの表現って、味とか食感とかを表記するのがむずかしい。「ホクッ」とか「サクッ」とか。太田和彦《おおたかずひこ》さんの日本酒を呑む仕草を「音」で表現した「ツイー」じゃないけれど、なにか一個、武器があればいいのに、なかなかないよね。

中原　素材によって、全部違いますから。

「食」を書くことと「時代」を見ること

藤井　話は戻るけれど、文豪と呼ばれる人たちのグルメ本って、そんなにおもしろくない。暖簾の向こうも見ていないし。

中原　雰囲気と情緒ですよね。

藤井　だけど、その人が書いているものとか、社会状況とか時代の変化が背後にあったうえで、その人が「うまいね」と書くとおもしろく読める。そういうことが、いまはなかなかないですよね。

中原　ないです。写真一つ取っても、料理を美しく撮った写真を見て、「これはうまそうだな」と思うのとは違うわけです。街中の何気ない中華料理屋さんで、向こうからカンカンと鍋を振る音がする。小汚いけれど、「うまそう」と思ったり……。

雰囲気というのは、職人の醸す体温や体臭みたいなものかな。ホルモンの店なんて、それがよく出るじゃないですか。そういうものって、人間が放つものの匂いがあるからこそ、さきほど言った人間の生死の感覚にも繋がる。食べるという行為は、ものを口に入れるわけですから。

いつも「どんなことを取材されているのですか」と訊かれると、「食べる喜びの部分もそうだけれど、食べないと生きていけないという辛い部分も人間には内在しているわけで、その両方を書きたい」と答えます。そこが、ノンフィクションとして「食」を書く魅力だと思うのです。

だから、「うまいです」「おいしいです」だけでは、藤井さんが言ったような人間の醸し出す情緒とか、「食」が一つの時代を動かしたみたいな物語は、けっして見えてこないと思います。

藤井　開高健《かいこうたけし》が「うまい」と書いたら、なにかその「食」を取り巻く世界がおもしろそうに見えてしまう。そんな瞬間があるでしょう。開高が巨大な魚と格闘して、「ウイスキーとサーモンがうまい」と書くと、「なるほど」と思えてしまう。この腑に落ちる気分は、なんだろうと思うのです。開高が生きた時代は、いまみたいに飽食ではなかっただろうし、お店もたくさんなかった。

中原　作家が思わず切り取りたくなるような「温度」のある店は、かならずしも有名店ではないということがある。そして、食べるという行為そのものに、人間の心の機微が出る。それを利用したのが池波正太郎さんだと思います。池波さんは、食のある風景を物語の小道具に使う。日本人の季節感とか観察眼とかをテーマにしたり。

「仕掛人・藤枝梅安《ふじえだばいあん》」シリーズで、梅安が自分の親友を殺すという名シーンがあるんです。梅安の、その心の葛藤、揺らぎを、池波さんは食卓のシーンで表現した。いつもなら、江戸っ子で、出されたものは、なんでもチャキチャキ食べるのを、その日に限っては、どれを食べようか箸を持ったまま迷うんです。その仕草が、殺しの名手である梅安の心の揺らぎをじつに見事に描いている。その回のタイトルは「梅安 迷い箸」。

藤井　近藤さんが池波作品の料理監修をやっていたのも知らなかった。

中原　記憶に残るシーンがいくつもあります。たとえば、テレビドラマ『剣客商売《けんかく》』（原作・池波正太郎）のなかで、主人公の秋山小兵衛《あきやまこへい》の後添いの「おはる」という女性が煮炊きをする場面があるのですが、そこに登場する「お浸し」の青菜の切り方が、見るからに雑多に切られているのです。これは、料理監修の近藤さんの指示なんですが、じつはこの「おはる」という女性は、若く、駆けだしのお嬢ちゃんなんです。まだ料理をほとんど知らない。だから、あえてその若さや奔放さを演出するために、ザクザクと雑多に切れと言うんです。そのリアリティが物語をよりリアルなものにするし、なにげない台所のシーンだけど、とても心に残る。

藤井　僕が活字を読んで、子どもの時分に初めてお腹が鳴ったのは、「東海道五十三次　弥次喜多《やじきた》道中」。小学校の低学年のときだったかな。主人公がいろいろなトラブルに遭遇して、どこかの宿に入ってサラサラと食べるお茶漬けの描写があります。これが子どもながら、なんてうまそうなんだと思った。サラサラという表現は、いま思うと普通だけれど、サラサラと食べる音が聞こえてきそうで。乗っかっているのはかまぼこ。読んだ当時は、「かまぼこが食いたい」と思いました。それから、かまぼこが好きになった。

中原　日本人は音や匂いなど、食卓の風景に敏感ですよね。僕は、食に関する川柳とか俳句とか大好きです。亡くなった小沢昭一《おざわしょういち》さんが作った句のなかに、「煮こごりを出すスナックのママの過去」というのがあります。小沢さんは二〇歳の頃からスナックに通っていたわけだけれど、なんかドキリとする句ですよね。「煮こごり」をスナックで出すママって、何歳なんだろうか。どんな見かけなのか。なぜママをしているのか。考えさせられます。

このあいだ亡くなった桂米朝《かつらべいちょう》さんも、俳句のなかで食のシーンを大事にしていて、「桜餅一つ残して帰りけり」という名句があります。桜餅を一つだけ残して帰っていく、なんとも言えない「間」がいいですよね。

いまは食べ物が消費の情報として消費し尽されていって、いつの間にか抜け殻になっていっている時代だと思うのです。食べ物と季節の関係もよくわからない、そんななかで、けれども秋には秋刀魚《さんま》を焼く匂いに、日本人は心を打たれるとかあるじゃないですか。

藤井　栽培ものが年中あり、冷凍技術も進んでいるから、年中だいたい、どんな魚もある。肉もそう。そういう事情があって、食の物語が成立しにくい。昔の江戸の初鰹なんて、みんな死にもの狂いで、ときには実際に死人を出しながらも手に入れる。そういうところから、河岸の「江戸任侠」なんて文化が生まれているわけです。初ものを食べさせるために命を懸ける。

中原　食べ物と政治の関係もそう。細川護熙《ほそかわもりひろ》政権のときに官官接待をなくしたことによって、赤坂という街は色町からコリアンと外国資本の街へと変わってしまう。赤坂の「たまき」という料亭、そこは田中角栄《たなかかくえい》が入り浸っていたところなのですけれど。当時は、まだ料亭政治があって、談合で次期首相が決まっていた時代は、そこの料理人が選挙の数日前なのに「今日は鯛を用意しろ」と姿造りを用意していた……。

藤井　政治記者は、そこへ聞き込みに行って「なにかあるな」と。

中原　そうなのですよ。戦争体験者の話を聞きにいったときの話です。ちょうど戦争が始まる前の秋に「これは戦争が始まるな」と思っているときでも、秋になると秋刀魚が食いたい、と人は思う。そして、「国滅ぶことには触れず初秋刀魚」という俳句が詠まれます。

やはり食は、単にグルメとかそういうことではなく、切っても切れない人間の営みそのものなのです。

「食」と「場」の関係を取材する日

藤井　屠畜《とちく》を家や地域でやっていた時代は、豚の悲鳴が聞こえると「正月が来たな」とか、「先祖を弔《とむら》う季節が来たな」とみんな思うわけだけれど、いまそれは法律で禁じられているから消滅した風景です。近代がなくしていった風景には、なくなっても仕方ないというか、一定の合理性を持ってなくなったものもあります。それと一緒に人間の「食」の五感みたいなものもなくなりました。

そういえば、僕は拙著『大学生からの取材学』（講談社）という本のなかで、「相手のエリアのなかで飯を食え」と書いてます。取材相手がなにをふだん食っているかなんてことに、僕はものすごく興味があるんだけど、ピンとこない人も多い。

中原　やはり同じ釜の飯を食うという行為は、あるものを共有します。

藤井　その人の生活のディティールの大事な要素です。『最後の職人』のなかでも、近藤さんが河岸の食堂で時間がないからカレーを短時間で食うシーンがあって、中原さんがいっしょにカレーを急いでかっこんでいる。すごい天ぷらを揚げている人が、カレーのなかにキャベツをいっぱい入れて、カレーを冷まして胃に流し込んでいるシーンは、ある意味で近藤さんの情報が凝縮されていると思った。

中原　だからこそノンフィクションという分野において、「食べるシーン」は欠かせないもの。たとえば震災復興や支援を描くときだって、「どんな食物がある」「なにを食べた」という話をきっかけに地元の人と交わるようになりました。ある雑誌で「被災地のレシピ」というタイトルで、石巻の人々が、被災当日から一ヶ月、なにを食べたのかを取材したんです。震度七の激震で流通の大動脈である東北道が寸断されると、瞬く間にスーパーやコンビニなどから食べ物をふくむ生活雑貨がなくなりました。なかには、コンビニにあった「凍ったままのおでん」を食べたり、支援に入った米軍が配給した非常食を食べた人もいました。これ、イラク戦争に従軍した兵士の携行食なんです。あの混乱のなかで「スパイシーペンネ」ですよ。一口食べて吐き気がして、捨てたそうです。

一番、印象に残ったのは、震災から二週間たったある日、郊外で自主避難していた夫婦が、支援が届かず本当に食べるものがなくなって、夜、バールを片手にコンビニに行ったという話。お腹が減ると人間って、なんでもやれてしまう。コンビニになにか食べ物があるなら、バールで玄関をたたき割って侵入しよう。その夫婦は、「非常時だからごめんね」と呟いて、コンビニの前で手を合わせたそうなんです。しかし、実際にはもう、窓は粉々にたたき割られていて、なかには食品も生活雑貨もなにも残っていない。唯一、残っていたのは「エロ本」だったそうです。ふたりでそれを手にして思わずゲラゲラ笑ったと。夫婦が顔を見合わせて笑ったのは、あの日以来、はじめてだったというんです。

藤井　いや、人間らしいシーンだな。食べ物そのものを描くのではなく、食べ物を媒介にして、人間の生き様を描く。それが、中原さんの手法であり、ノンフィクションのおもしろさですよね。

中原さんは今年、『小林《こばやし》カツ代伝《よ》――私が死んでもレシピは残る』（文藝春秋。以下、『小林カツ代伝』）を出されました。中原さんはピースボート時代から、ずっと小林さんとは親交があったわけですが、小林さんが倒れてから書き始めていて、インタビューというあらたまっての取材はできなかった。そのうえ、息子さんのケンタロウさんも事故に遇われて、インタビューできなかった。だから周囲の方々と中原さん個人の記憶で構成されていること自体が、僕にはとても印象的でした。

それにしても、近藤さんのレシピは小林さんのレシピのようにはっきりと誰もがまねできるようには記録できない。このふたつの作品でふたりの料理人を通して「時代」を描かれていると思いましたが、「料理」を描写するうえでどんな「違い」がありましたか。野暮《やぼ》な質問ですが、どちらのほうが苦心されました？

中原　料理研究家の小林カツ代さんは、生前、本当にお世話になった恩人のひとりでした。人気テレビ番組「料理の鉄人」のジャガイモ対決で鉄人に勝利し、家庭料理の「顔」として、圧倒的な知名度がありました。そんなカツ代さんですが、人生の絶頂期にくも膜下出血で倒れます。そして、メディアから姿を消すのです。その後、九年のリハビリ生活を経て、天国に旅立たれます。

家庭料理の世界には「カツ代前、カツ代後」という言葉があって、カツ代さんは家庭料理の世界に、まさに革命を起こした人でした。そんな彼女の功績をちゃんと後生《こうせい》に残したいと思ったのが『小林カツ代伝』です。評伝ですので、彼女の「一生」に迫ったのですが、同時に、料理研究家という肩書きから解放された、ひとりの「女性」としてのカツ代さんを描きたいと思っていました。その意味では『最後の職人』と同様に「料理人」を取材したものですが、『小林カツ代伝』の読者は女性を中心に幅広い世代だと思いましたので、なるべく平たい文章で、わかりやすく、ていねいに伝えることを意識しましたね。

藤井　中原さんは「料理と人」を徹底的に取材することを通じてノンフィクション作品を書き続けているわけだけど、いま「寄場《よせば》のグルメ」を取材しているそうですね。先日もかつて東京の「寄場」だった地域の近くにある焼肉店にいっしょに行きましたが、この作品の着想はどこから?

中原　「寄場」を正しく解釈すると東京・山谷《さんや》や大阪・釜ヶ崎のような「日雇い労働者が集まる町」ですが、その本ではもう少し解釈の範囲を広げ、「寄場的な社会」のなかの「たべもん」の話を集めています。「寄場的社会」とは、いわば都市の「周縁」です。もしくは、社会の「どんづまり」。そうした場所には、日雇い労働者だけでなく、いろんな国籍や出自の人々が混ざり合って生きている。

漫画誌に燦然《さんぜん》と輝く名作『あしたのジョー』(原作=高森朝雄《たかもりあさお》、作画=ちばてつや、講談社)の冒頭は、こんなくだりからはじまる。

「東洋の大都会といわれるマンモス都市東京——その華やかな東京のかたすみに——ある……ほんのかたすみに——吹きすさぶ木枯らしのためにできた道端のほこりっぽい吹きだまりのような、あるいは川の流れがよどんで岸のすぼみに群れ集まる色あせた流木やごみくずのような、そんな町があるのを皆さんはご存じだろうか」

こうした「吹きだまり」には、差別もあれば、ケンカもあれば、豪快なおばちゃんもいれば、アル中のおっさんもいる。そして、出かけるとなにか事件がおきる。そうしたゴタゴタやら、なにやらが起きる現場には、かならず「たべもん」の風景があるものです。怒りながら、泣きながらも、皆が熱く生きているように思います。

そんな人間が生きる風景を書きたいなと。ここには江戸前の高級寿司は出てこないけど、山谷の一〇〇円寿司は出てくる。煙の出ない高級焼肉店は出てこないけど、すこぶるうまいホルモン焼きを出す屋台は出てくる。いまの世の中は「たべもん」というと、すべて消費のための「情報」ばかりです。いまのうちに、けっして簡単には「情報化」できない食べ物の値打ちを書いておきたいと思ったのです。

藤井　「人間」と「街」と「味」に出会うことによって、中原さんが背中を押されていく感じがわかります。抽象的な質問になってしまうけれど、取材という行為を通じて中原さんのなかで変わっていくもの、あるいは変えられていくものというというのはなんですか。僕らの仕事は相手を「受け入れる」ことによって、身体の受容体ともいうべきものがいろいろなかたちに変化すると思うのです。

中原　取材を通じて「私」というパーソナリティーが育まれてゆく。そう思える「街」とか「店」に出会えるとうれしいですよね。僕も五年間、河岸を取材しているうちに、最初の頃は河岸の「しきたり」のなにもかもわからなくて、非常に居心地の悪い場所だったんですが、いまではある意味で自分が生まれ育った「郷里《ふるさと》」よりも「地元」と思える場所になりました。その感覚ってなんだろうと思うのです。頭ではなく身体で覚えている感じ。

最近、「中原さんも河岸の人だね」とよく言われます。なぜかというと、歩く速さが河岸時間になっているっていうんです。確かに、生鮮食品を扱い、しかも肉体労働の現場である河岸の労働者は、少しでも早く仕事を終わらせて、帰りたいと思う。だから歩くのが滅法早い。それが、知らず知らずのうちに自分にも染みついているんだなと、指摘されて初めてわかりました。その意味では、ほかならぬ「私」でなければ築けない人間関係と、私以外の誰にも代替されない取材テーマに巡り会えば、そのプロセスにおいて「私」というパーソナリティーができあがってゆくのではないかと思います。

一方、こうした稀有な体験は、ある程度の時間とお金を費やさなければ経験できない。いわゆる「雑誌・ノンフィクションの単行本が何冊書けるか心配になります。僕は一九七七年生まれで、週刊誌」を読んで育った最後の世代です。私は「食」という分野を専門領域にしていますが、普段は政治、経済、人物、スポーツ、事件、音楽、芸能などなんでも書いています。「食」は社会と地続きで、社会のあらゆる事象は「食」とつながっているとも言えるのですが、私が書いてきた雑誌や週刊誌がそもそも「雑食」のメディアであり、ひとつの分野を深掘りする「偏食」とは馴染まない媒体でした。

ウェブ時代になって、こうした「雑食思考」が奏功し、仕事の幅も広がっています。その意味では、駆け出しの頃、「グルメライターになるな。ジャーナリストになれ」と教えてくれた編集者の方に感謝しなければなりません。「食」であろうと、「政治」であろうと、「スポーツ」であろうと、取材をして書くという行為についての根本は、まったく同じだと考えています。

藤井 うん、たしかに中原さんは歩くのが速いなと感じることがある。ノンフィクションやルポルタージュは、かつては「足で書く」と言われていた。それは地を這うように歩き回るという意味でもあるけど、取材対象の息づかいや立ち振る舞いが、取材者に憑依するかのように身体を通して写し取られていくことなんじゃないかと思います。

（おわり）

私が影響を受けた一〇作品

沢木耕太郎著『深夜特急』（新潮文庫）
あの海の向こうにどんな世界が広がっているのか。行ってみないと絶対にわからないことがある。
猪瀬直樹著『ミカドの肖像』（小学館文庫）
ノンフィクションとはかくあるべし、と教えてくれた一冊。何度も繰りかえし読んだ。
足立倫行著『日本海のイカ』（新潮文庫）
なにげないテーマにこそ、物事の神髄が宿る。プロのライターになったら、こういう本を書きたいと思わせてくれた私の金字塔。
辺見庸著『もの食う人びと』（角川文庫）
食べるという行為が、生きるという行為であることを再認識させてくれた本。なにしろ書き出しがいずれもいい。何度も読んで勉強した。
川本三郎著『雑踏の社会学』（ちくま文庫）
取材の作法というか、街の歩き方、取材の仕方はすべて、この本が教えてくれました。バイブルです。
池波正太郎著『鬼平犯科帳』（文春文庫）、『仕掛人・藤枝梅安』（講談社文庫）、『剣客商売』（新潮文庫）
人間の心の機微を鮮やかに描き出す食事のシーンが印象的。何度読んでも、すこぶるおもしろい。
鎌田慧著『死に絶えた風景』（講談社文庫）
体験的なルポルタージュという技法について、もっとも影響を受けた一冊です。
井上理津子著『さいごの色街・飛田』（筑摩書房）
完成まで一〇数年。死ぬまでに一冊、こういう心血を注いだ一冊を書けたら、ライター冥利に尽きます。
角岡伸彦著『被差別部落の青春』（講談社文庫）
棍棒で殴られたような衝撃を覚えた一冊。ノンフィクションの凄みを教えてもらった。
溝口敦著『食肉の帝王』（講談社＋α文庫）
取材対象者と四つに向き合って、命を削って書かれた名著。いまでも、始めてページをめくったときの興奮を覚えています。

上原善広

「私」を全面展開するノンフィクションの取材とは

藤井誠二

上原善広（ウエハラ・ヨシヒロ）

一九七三年、大阪府生まれ。大阪体育大学卒業後、ノンフィクションの取材・執筆を始める。二〇一〇年、『日本の路地を旅する』（文春文庫）で第四一回大宅壮一ノンフィクション賞受賞。二〇一二年第一八回雑誌ジャーナリズム賞大賞受賞。二〇一七年『一投に賭ける』（角川書店）で第二七回ミズノ・スポーツライター賞優秀賞受賞。著書に『被差別のグルメ』、『被差別の食卓』（以上、新潮新書）、『異邦人』（文春文庫）、『私家版　差別語辞典』（新潮選書）、『カナダ　歴史街道をゆく』（文藝春秋）、『路地の子』（新潮社）など多数。

もともとは部落解放同盟の歴史を描きたかった

藤井　上原さんが書かれた『差別と教育と私』（文藝春秋）は、二〇一〇年に上梓された『日本の路地を旅する』（同）の続編的な位置付けになると僕は思っています。いくつかの地方紙に通信社を通じて、僕は書評を書いたことがあります（「新潟日報」二〇一四年四月二七日付など）。まず、その書評を紹介します。

著者の全身を透して日本の被差別部落現代史の一面が見えてくる。貧しさと差別や、家庭崩壊ゆえに荒んでいた少年期の自分を更正させてくれたのが、自らの出自を教室で語る「立場宣言」に象徴される「解放教育」だった。そう前置きしながら、自身が受けた解放教育の「記憶」と、当時それを担った教員らを再訪し、「解放教育」とは何だったのかを淡々とした筆致で冷静な視点で描く。

部落差別と闘った者たちが抱え疼《うず》くような「疵《きず》」が行間ににじみ出ているように思えた。日本の部落解放運動は特定の政治的イデオロギーに依拠することを余儀なくされてきた。それゆえに、ほんらいは主人公であるはずの子どもたちを置き忘れたかのような政治闘争や対立を引き起こしてきた結果が「疵痕」として残っている、と。

一九七四年に兵庫県の八鹿《ようか》高校で起きた部落解放同盟員と教員らの間の暴行事件や、九九年に日の丸・君が代をめぐって校長と組合の対立した広島県の世羅《せら》高校の校長が首吊り自殺をした問題の当事者に著者は取材をする。部落差別を糾弾・解消するための闘争がいつの間にかそれ自体が権力化し、政争の具とされていたことがかつて当事者だった人々からの本音からあきらかになり、驚く。「解放教育を通して立ち直った私は、かつてから心から信頼していた教師たちが、裏では権力争いに明け暮れ、翻弄されていたのかと思うと、言いようのない虚しさにとらわれることがあった。まるで生徒はカヤの外だったのではないかと思ったのだ」。こう著者は振り返っている。

教員たちの「闘い」の一方で、著者の高校では解放運動に取り組む部活動が休部となる。著者は美術部で、部落解放同盟の旗に描かれた深紅の「荊冠《けいかん》」をかぶり、ひざまずいて手を差し出している等身大の石膏像をひとり黙々とつくった。それは荊冠に苦悩している「私」ではなく、「荊冠」を持て余している「私」を表現したのだという述懐は、胸を激しく衝いた。

こう書評に書いたのですが、上原さんの身体を通して日本の被差別部落史が整理されているところが、まず読みやすさのひとつだと思いました。兵庫県の八鹿高校事件とか、広島の世羅高校事件とか、「なるほど、当時者はこんなふうに考えていたのか」「いまはこんなふうに総括しているのか」と。そもそも、このノンフィクションの着想は、どういうところから来ているですか。

上原　元は、もっと大きなテーマがありました。解放運動全体を見渡したルポを書こうと思っていたんです。一市民運動団体が権力のお墨付きをもらって、どんどん強大になっていく。イデオロギーも主義主張も「お金」になって、すべてはお金の世界になる。市民運動というものが巨大化するにつれて、お金によって支配される、その過程を書きたかったのです。

藤井 壮大な設定ですね。

上原 よく言えばそうですが、抽象的すぎました。テーマが大きすぎて、自分でもどういうふうに手を付けてよいのかわからなかった。そこで、試案というか、スケッチ的なものとして、まず「同和教育」を書いたのです。僕は中学と高校の教員免許を持っていたので、同和教育に関して書いておきたいと思っていましたからね。

藤井 読んでいて思い出したのですが、僕は昔、同和教育の副読本の『にんげん』(明治図書)に原稿を書いたことがありました。

上原 そうなんですか?

藤井 僕が最初に本を書いたのは、高校を卒業するときでした。高校時代にやっていた「管理教育告発」活動の記録です。たまたま月刊誌「世界」(岩波書店)に書き、それを加筆して単行本にしたのです(『オイこら!学校』教育史料出版会)。活動家高校生みたいな感じだったので、左翼系の雑誌からいろいろな原稿の依頼が来て、『にんげん』に自分の活動のことを書いた記憶があります。最初、『にんげん』という副読本がどういう本か知らなかったのですが、あとで学校の解放教育の授業で使われるということを知りました。

上原 大阪では生徒全員に配られるのですが、一部の真面目な子どもしか読まなかったですね。

藤井　そうなんですか。分厚くて、いろんな人が書いているから、読みごたえはあったと思います。あれを読むのは高校生ですか。

上原　中学生からです。小学校版もあったかな？　勉強ばっかりやる子は、たぶん読んでいません。勉強はあまりやらないけど、真面目な子が読んでいる。現場の教員は、基本的に使わないスタンスでやってましたから、読むかどうかは生徒の自主判断に任せられてましたね。

藤井　使わないというのは、なぜですか。あれは教育委員会が作ったものでしょう。部落解放同盟（以下、解同）が実質的に編集しているというか、内容にタッチしているのですか。

上原　各自治体の教育委員会が主体となって、解同の協力もあって作ったものです。しかし、現場の教師としては、当時「権力」とされた教育委員会が配るものでしょう。中身はどうあれ、上からの押し付けだと考えて、使いたがらなかったのです。

これは取材してみて僕も初めて知ったのですが、教室という現場では教師個人が担当するのだから、教材に関しては自分たちで用意するという空気があった。だから、「人権」の本なのに、権力側の本だということで、人権派の教師がそっぽ向いちゃっていた。もちろん、共産党系の教師は絶対に使わない。そういう状況だったみたいです。中学生当時は、さすがにそこまで知らなかったですが。

恩師たちを取材する——先生たちに出会わなかったたらヤクザになってた？

藤井　上原さんは子どものころ、荒れていたというか、やんちゃだった。同時に解放教育への愛によって更生したと書いている。その「救われ方」というのは、被差別部落の問題をよく知らない若い世代に向けて言うと、どういうことですか。

上原　前提として、教育方法うんぬんというよりも、当時、自らの生活を犠牲にしてでも教育に取り組む熱い教師たちが多くいた、ということなんだと思います。学生運動を経験した教師が多かったこともあり、自分の時間を返上して、夜になっても家出した子どもを探したりしていた。僕の故郷の大阪府松原市だったら、子どもを「ヤクザにさせない」という具体的な目標と気風があった。だからできたんだと思います。

ただ、いまの若い先生は個人主義になってしまっています。教育は地方によって温度差がありますが、利己的というかドライで、時間がきたら仕事はおわり。熱心な教師といえば、たいていクラブ活動に限られてる。時代と共に生徒も変わるのだから、それがよい悪いの問題ではないとは思いますが、家庭環境がしんどい子どもは、その背景も知られることなく、見捨てられることが多くなったように感じます。それが他人の痛みを知らない、おかしな犯罪につながっている感じはしています。

藤井　おかしな犯罪というのは？

上原　東京の八王子の女子高校生がストーカーに殺された事件とか、秋葉原の無差別殺人事件もそうですね。『路地の教室』（ちくまプリマー新書）にも書いたけれど、犯人は他者の痛みが想像できていないし、理解できていない。「自分が殺されるのは嫌だから、人を殺しちゃいけないんですよ」という単純で当たり前の感覚が抜けちゃってる。

きっと彼ら（加害者）は、生い立ちや教育のなかで「他者の痛みへの理解」を教えられた経験がないんだと思います。もちろん精神的な素因もあっただろうけれど、ストーカーや無差別殺人が多くなった原因は、やっぱり「他者への視座」というか、他者を理解しようとしなくなっているからではないかと思っています。

藤井　名目は「解放教育」で、中身は人権教育なのだけれど、実態としては心というか、人間としての在り方を教師が子どもたちに伝えようとしていた？

上原　同和教育も解放教育も「他者との繋がり」が最大のテーマだった。ここでいう他者とは、具体的には被差別部落民や障害者、在日韓国・朝鮮人（以下、在日）の社会的弱者とされた人たちです。いまで言ったら、貧困格差がそこに入るでしょうね。

だから、解放教育のよいところだけ残して発展的解消していけばいいのに、なかなかそうはならなかった。政治イデオロギーの色が付いてしまったので、若い教師のみならず子どもや父兄もふくめて、みんな解放教育に反発を持つようになった。だから本には「解放教育のよいところだけは残そうよ」というメッセージを込めました。

藤井　『差別と教育と私』を読んでいると、上原さんもふくめて、子どもたちが次々とアウトローや不良になっていくのが生々しくわかる。一方で、生涯を解放教育にかけているいろんなキャラクターの先生が登場します。奇人変人のような先生たちだけど、熱意やエネルギーはすごく高い。上原さんたちは反発もするけれど、同調もしていくのは、解放教育・同和教育という軸があるからですか？それとも、先生に人間的なおもしろさがあったから？

上原　そこはやっぱり人間のやることなので、どちらも必要だったと思います。人間的に魅力ある教師が、必ずしもその生徒にとってよい教師とは限らないですからね。ただし、解放運動の全盛期は、大半の人権派教師は解同の方針に沿ってやっていた。教師というのは、主体性のある人がほとんどいなくて、右向けば右、左向けば左とやっているだけで、個の感性でやってる人は少ない。

いまもそれは変わらないんじゃないですか。一部の感性の豊かな教師が、個人で主体的な教育をやってるだけ。「夜回り先生」も運動じゃなくて、ひとりで実践してますよね。僕の少年時代の大阪では、あんな人はいっぱいいて、珍しくもなかったのに……。

藤井　とすると、上原さんはたまたま情熱的なよい先生と出会ったということですかね。

上原　いいえ、やっぱり当時の大阪には、各学校に二、三人は情熱的な先生がいたんですね。自分で考えて、子どもと向き合うことができる先生。そういう人に出会い、運よく共鳴しただけです。

でも、うまく共鳴できなかった僕の周りの不良は、ヤクザになったり、どんどん悪いほうへ行きました。だから、同じ教育を受けていても、うちの兄貴みたいに犯罪者になる奴もいる。教育って、先生の感性はもちろん大事だけれど、それを受け取る生徒の側の感性も重要なんだと思います。

藤井　この本に登場するような先生との交流がなければ、上原さんはどうなっていたと思いますか？

上原　兄貴のように犯罪者になって、結局はヤクザになっていたかもしれない。僕は極端に振れるほうだから。実際、親戚や周囲にはヤクザが多かったですからね。

　海外でパスポートも持たず、ホームレス状態になっている日本人がたまにいるんですが、あんな感じになっていたのかもしれないし。どちらにしても、よいほうには向かっていないでしょうね。

藤井　実家の精肉店を継ぐという道は？

上原　それはまったくなかったです。金儲けをしたいんだったら、当時はまだネットも出始めだったから、食肉関係のツテを使って貿易関係のビジネスをやっていたでしょうね。だけど、僕は金儲けにぜんぜん興味がなかった。親父が商売人の権化みたいな男だったので、その姿に嫌気がさしてましたから。働きながら下手くそな小説を書いていたかもしれませんね。どっちにしても、ろくなもんじゃない。

藤井　イメージだけですが、中上健次《なかがみけんじ》さんっぽくなっていたのかな。激しい肉体労働しながらミカン箱で事務用便箋にびっしりと文字を書きつけて原稿を書く、みたいな。

取材者は、利権化していく構造を「同情論」だけでは見ることができない

藤井　上原さんが通っていた高校で解放研が解散して、美術部で黙々と荊冠の彫刻を彫る。上原さんの内面のある種の「暗さ」を、強く物語る場面だと思いました。あのシーンに、将来の上原さんの萌芽を見るような、象徴的な記述だとも思いました。本の終わりのほうに、あのテキストを置いたというのもふくめて、意味があるシーンだと自分で思いますか。

上原　あのシーンは結局、解放運動とか、そういうのに対する自分なりの決別の意味もあったんでしょうね。まだ高校生でしたが、解放研も僕が学生のうちになくなりましたから。

藤井　決定的な決別というよりも、なんだか溜息を吐きながら、さびしげに……。

上原　心理テストでは絵を描かすじゃないですか。あれと一緒で、自分で自由に書いたつもりだけれど、心理の状態が反映している。あの彫刻の荊冠を付けた段階で、高校生の自分としてこれ以上、閉鎖的で権力志向の強くなっていた解放運動をやるのは「合わない」という思いがあったのでしょうね。

　解放運動自体が権威化して、建前論がまかり通っていた。だから自分で考えようと思う子は、「これで本当によくなるのだろうか」と疑問を持って自然と離れていっちゃった。そのまま解放運動を続けても、異論を受け付けない組織のなかでは、結局は批判されてパージされてしまったでしょうから。そういう現状になんとなく気がついた。まあ、それ以前に、僕自身が高校を卒業するのがしんどかっ

たような状態でしたから。

藤井 ひとつの決別、いわば運動への決別なわけですね。しかし、「場」を変えて、つまりノンフィクション作家としてその後、被差別部落のことについてずっと書いていくことになるわけです。

上原 同和問題というのは自分自身のことなので、結局そういうことを書いていくことになるだろうとは、漠然と思ってました。大学生くらいまでは、まだちょくちょく解同に出入りしていたし。

藤井 組織が利権化するというケースは、関西では、過去に少なくない。たとえば解同の支部長が業務上横領と詐欺で逮捕された二〇〇六年の飛鳥会《あすかかい》事件など、巨大利権の事件です。人権運動の一部がいつしか利権に関わるようになってしまう構造は、一〇代の頃にはなんとなく気が付いていた?

上原 いや、子どものころは、まだそこまで具体的にはわかっていなかったです。おとなも都合の悪いことを子どもに知らせなかったし。周囲は解同の運動家ばかりだから、負の面は一切、年少者には伝えない。だけど一〇代とはいえ組織にいるので、なんとなくわかるんですよね。あと、汚職なんかの犯罪については、部落民同士の同情論が根底にあるんです。犯罪に発展するような問題があったのも、結果的に差別の問題があったからだ、という根本的な同情が根底にある。だから、なんとなく許してしまうという悪しき風習が解放運動にはありますね。

藤井 宮崎学《みやざきまなぶ》さんは『近代の奈落』(幻冬舎アウトロー文庫)などで、いま上原さんが言ったような論陣を張って、擁護されていますね。共産党系から解同を叩く情報をもらって書いているライターの本についての裁判でも、そうおっしゃっていたと思います。

上原　宮崎さんの世代は学生運動というバックボーンがあるから、そのように擁護する論理になっていくのでしょう。その同情論はよくわかるし、基本的には僕もそうなのです。だけど僕はルポライターだから、市井の人というか、一般の人からの視点で見ようとがんばるじゃないですか。一般の人から見たらどう思うかと考えたときに、やっぱり内輪の同情論だけでは世間に通用しないと思うわけです。同和というのは、十何兆円という膨大な税金が投入された、非常に公的な問題ですからね。

たとえば、ヤクザが任侠の論理を言うのはかまわないけれど、彼らも一般の人から見たらとんでもないことをやっているでしょう。ヤクザの側から見たらそれは任侠だと思っているだろうし、そういう悪集団を統率していくことが大事だと言っているし、実際にそう信じているのでしょう。だけど、ヤクザからいじめられたことがある人から見たらそうではない。やはり、そういう人の視点も取り入れないと、一般読者に読んでもらう作品を書くルポライターをやってる意味がない。

同和利権に対して不満があったり、鬱憤が溜まっているという人もふくめた、一般的な人からの視点で見ないとだめだということは、物を書き始めた当初から思っていました。僕としては、両者の眼をもって書いてきたつもりでしたが、そしたら解同から嫌われた。

「あたりまえ」になっている事象を疑い、そう思っている自分を見直す

藤井　大阪の市役所厚遇問題を発端にして、関西もふくめた日本のいろいろな公務員の組合運動は、

社会に叩かれていってしまうようになったと思っています。

たとえばヤミ超過勤務やカラ出張は、市役所内で長年にわたって慣例化したものです。それには残念ながら解同も絡んでいて、彼らが大阪市職員労働組合を仕切っていた面もいなめない。メディアも長年、批判の眼を向けずにいたというか、「当たり前だろう」というふうに対処してきた。

教職員組合も同じ。組合の専従も教員扱いなのに、「勤務」時間内に組合活動をしていた。僕は講演などで日教組の支部をまわっていた時期があったのですが、そういうことに僕は疑問を持ちませんでした。それは、踏まれた側が勝ち取った権利だと思っていた。でも、一般の人たちから見るとおかしいし、揚げ足とりや攻撃の材料になってしまった。それに長年、気付かなかったという感覚というのは、自分でもそうとう根が深いと思いましたね。

上原 僕も藤井さんと同じで、当初はまったく疑問に思わなかったし、それが社会的な正義だと信じてきました。しかし、時代の変化と共に、そうした古い慣習や慣例が合わなくなってきて、同和の場合はバックについていた国が手を引いたとたん、役人からのリークなどが始まり、すべて暴露されて、一般のあいだにも批判が巻き起こった。

その批判をバックボーンにして、組合の人たちなどを大阪の橋下徹《はしもととおる》がバンバン切っていくから、失業率の高い大阪の人たちが彼を支持する理屈はよくわかります。解同に関しても、彼らが正義だった時代もあったけれど、結局腐敗していって、社会全体が路地（同和）に対して批判的になっていった。

藤井 その批判は、「路地」出身者に対してということですか。しかし、依然として部落差別は残っている。結婚差別がその代表だけれど、差別者がいなくならない現状もあります。

上原　そうでしょうね。ただし、路地出身者の八割くらいは、解同にあまり関係がありません。解同自体は、二〇〇二年に同和対策関連法が切れてから、利権団体としての役割は終えつつあります。路地の人間からすると、自分の利益にならないからもう関係ないわ、ということになっていった。

法律があった頃は、運動団体を支持しないと改良住宅に入れなかったり、いろいろな恩恵をもらえないから支持してたけど、恩恵がなくなるとみんなコロッと寝返っちゃった。建前は「部落解放」だけど、人間って根本的には自分の実利のために動きますからね。

藤井　大阪のあの問題を最初に追究したニュース記者ら——たまたまそういった暗黙の了解と言うか、労働組合からすればそれは労使間で闘い取ってきた「権利」ということになるのだけど——取材する側からしたら「なんだこれ」という話になるわけです。労働組合にとっては悪しきタブーや慣習という感覚がなかったのだと思う。夜に区役所へ行ってみたら誰もいないのに、勤務したことになっている。そこから取材が始まっていった。

上原　もともと各自治体に解放同盟員の公務員枠というのが暗黙にあって、「仕事がないから、うちの若いのを公務員にせい」と、優先的に採用するようになった地域が西日本に多かった。ほとんどが公務員ばかりという路地もありますし。ただし、身分は公務員だけれど、仕事自体は下水関係とか清掃とか、人が嫌がる部署が多かったんですけどね。

しかし、そうしたことを繰り返しているうちに、路地出身者の公務員のなかに怠けてしまう人が大勢でてきた。二〇〇二年に法律が切れて国がバックでなくなると、彼らのまずい部分が京都や奈良などで表面化していった。京都はもともと共産党系が強い土地柄だったから、批判は前々からあったけど、解同自体が国をバックにしていたので大手マスコミも取り上げない。だから表面化しなかった。それが法律が切れて、奈良で事件となり、いずれは大阪もやってやろうという雰囲気になった。解同を批判していた共産党が、以前から情報を流していましたからね。共産党に限らず、左翼の情報収集能力は公安なみでしょう。それでも、二〇〇二年までは国がバックに付いていたので、共産党の主張だけではなかなか事件化されなかった。

運動の「利権化」と人間の「変化」を知る取材

藤井　そうした同和勢力や解放同盟のごく一部の、ある種の「凋落《ちょうらく》」と、教育との関係はどうなっているのでしょうか。『差別と教育と私』には、ずいぶん前から教育現場では解同系の力はなくなっていると書かれています。ずっと続いている公務員バッシングとの繋がりはどうなのですか。

上原　繋がっていると思います。バブルが崩壊して、景気が悪くなった時代ともぴったり合っている。社会党が力をなくしたのも同じ時期だし、そもそもその前にソ連崩壊という流れがあって、左翼教師の元気もなくなりましたよね。まあ、僕は現場の声を拾って歩くほうで、社会情勢の分析は苦手というか、嫌いです。だから、その程度くらいしか総括してませんけど。

藤井　そのあたりを学者に研究してほしい。労働組合が公権力と対峙できなくなってる。僕は解放運動を担っている人たちから多くを学んできたつもりなので。

上原　そう考えれば、同和だけの問題じゃない。時代の流れですよね。社会全体の情勢がそうなってる。ただ、僕はルポライターですから、材料を拾って作品としてまとめ、あとの答えはそれぞれの社会的立場にいる読者の方々が想像したり、考えてくれればよいというスタンスです。

僕自身は、安易に答えを出すべきではないとも思っています。学者や評論家が出す答えも、往々にして安易だったり、途中で変更されたり、まちがっていることも多いですからね。

藤井　僕はあのとき、テレビのコメンテーターや取材を大阪でやっていたので、組合関係のいろいろな人に会ったのだけれど、「反権力が権力になっていく」という――この上原さんの『差別と教育と私』という本のひとつの重要な主題でもあると思いますが――ことがわかってきました。現場に行ってみると、公務員の採用には上原さんが言うような同和枠というものが暗然とある。それは部落差別の解消というひとつの「運動」でもあったと思う。しかし、一方で環境局や水道局の人たちに会ってみると内部にも権力構造があって、なにかあったら組合の上層部の命令に従わないといけない。

たとえば、大阪の市バスで言えば、組合に逆らうとローテーションに入れてくれないなどのいじめを受けると告発していた方々とも会った。それはおかしいということで裁判も起きていた。反権力が権力になり、その権力のなかでまた反権力が出てくるという構造。元は生きる権利を勝ち取るべく活動してきた人たちが、なぜそうなってしまったのか。そういったどろどろとした状況がなぜ起きるのか。僕は当時、疑問だった。

上原　極論すれば、いままで世界中で差別されてきたユダヤ人が、今度はイスラエルを建国してパレスチナ人を虐殺する構図と同じですよね。虐げられてきた人も、権力を持つと同じようなことを始めてしまう。路地でいうと、これまでは理想論でOKだったのが、結局、差別されている人も差別するし、汚職もするんだという、当たり前のことが明らかになった。人間は主義主張や理想論だけで生きてはいけないのだとわかった。そうした人間の業《ごう》というか、根本的なテーマを、さらに、しっかり書く必要があると感じています。

弱者の側にも批判される理由はあるのか？

藤井　インターネットや路上でネット右翼（ネトウヨ）と呼ばれる人々が、在日外国人とか被差別部落の人たちへのヘイトやバッシングをゲームのようにおこなう。生活保護の問題もふくめて。

上原　やはり大阪の橋下徹と同じで、大衆心理って、誰もが敵を作って対立したいんだろうな。漫画なんかはそういう大衆心理を知っていて、誰か敵を作って対立させるストーリーに人気が集まる。昔はその対立が左翼と右翼だった。いまはそうした二極化がない混沌とした時代だから、対立自体が目的になっている。身近な例では、ネットで炎上すること自体が目的になったりしている。それも、みんなで寄ってたかって叩く。

暴走族って、みんなで集まって暴走行為をするじゃないですか。あれは迷惑行為にはなるけれど、ヘイトスピーチも似たようなものです。「差別するぞ！」とか「殺せ！」というキーワードに本質はなく、いわば暴走族が爆音を撒き散らして公道を走っているのと同じです。そこに惑わされては、なにが問題なのかという本質は見えてこないと思っています。「不良だから少年院や刑務所へ入れろ」だけでは、思考停止してしまっている。だから、ヘイトスピーチをする人たちの言葉に、いちいち反応するべきではないでしょう。なぜそうなるのかを考えるほうが大事だと思っています。

やってる彼ら自身には「正義感」とかがあるのでしょうけれど、それがどこから来るのか、取材して材料を集めて考えなくては。社会への憎悪に対して、批判的立場で向かっていくというのはジャーナリスティックな姿勢かもしれないけれど、それだけでは本質は見えてこないのではないか。たとえば差別する人に憎悪で向かっても、そこから産まれるのは無言であったり無関心であり、単に地下にもぐってしまって終わるのと同じではないでしょうかね。

藤井　僕は、そこのとらえ方は上原さんと違っていて、暴走族レベルの幼稚な連中だとはいえ、彼らの行為によって魂を殺され、傷ついている人たちがたくさんいるわけです。だから、それに対してあらゆる手段で厳しく対抗するのは、当然だと思います。特定の人種や民族を「殺す」とまで叫ぶレイシストたちの低劣な言動は、やはり社会の害悪です。

ヘイトスピーチを禁じる法整備に、僕は最初から賛成でした。また、できるなら処罰規定も作るべきだと思います。レイシストから見たら、自分たちのやっていることは「愛国」だの「大義」だという話なのでしょう。しかし、それは単に犯罪であり、そういう言動を許容する社会であってはならないと思う。

上原　一応、自分たちには「大義」があって、日本社会には自分に共感を持つ人がいると確信している。そして、共感を持つ人たちの意見を自分らが代弁していると思っている。暴走族には大義はないけれど、ただただ騒いで、他人に迷惑をかけることにより、注目されて自我の確立を得ているように錯覚している点はヘイトスピーチも同じ。自分の存在意義がそこにあると思ってる。

藤井　いまの話は、公務員バッシングや解同バッシングと構造が似ていますよね。

上原　繋がりはあるでしょうね。もともと反権力だった解同が、非常に大きな権力を持ったという逆転現象が根底にある。ヘイトにしても、彼らだけを批判的に見るんじゃなくて、これまで「社会的弱者」と呼ばれてきた人々にもなんらかの原因があったのではないかと考えたほうが、クリアになる場合もありますからね。

ルポライターの立場としては、作品を読んでいただくことが、出来事の深層にある本質を考えるひとつのきっかけになればよいと思ってます。読者に対し、作品を通して、なにかに気付いてもらえるということが大事だと。

古風に言えば、本当に撃つべき敵はそこにはいない。というか、ヘイトスピーチをする人たちもふくめて、どうしても身近にいる相手なり「弱者」に怒りの矛先が向かってしまいます。ヘイトなんかは、問題の本質はもっと別の大きなところにあるかもしれないのに、そこには手が届かないから、結局は目前の「弱者」に直接、向かってしまう。

「社会的弱者」もすべて善人というわけではないですから、批判される「理由」はなにかしらあったりする。だから気持ちはわかるけど、ヘイトのような流れになると、ちょっと残念というか、悲しくなりますよね。敵はそこじゃないんじゃないかって思うから。

藤井　いままで話してきたように、被差別側が勝ち取ってきたものが、いつのまにかその一部とはいえ「利権化」してしまって、そこになんらかの不正が生まれているのであれば、それは個別の問題として対処すればよい。しかし、実際には、あたかも「弱者」や「被差別」の側が肥大化して、そうではない人たちがワリを食っているという妄想が、ネットふくめた社会全体に広がっている。「弱者特権」みたいなものが存在するとしたうえで、努力もしないでラクしてるというデマが浸透し、それを信じ込む連中がいる。この現象は看過できません。生活保護バッシングや沖縄の反基地運動バッシングに見られるような構造は、ごく一部の「弱者」の周囲で起きている話に尾ひれを付けて、叩いているだけのこと。差別がゲームや遊びみたいになり、差別を楽しむ連中が出てきている。日本人の精神構造は、そうとう病んでいるし、歪《ゆが》んでしまっていると思わざるをえません。

どれだけ資料を読み込んでも「答え」は見えてこないのかもしれない

藤井　僕は大阪のテレビに出演しながら公務員厚遇問題を取材して、僕なりにまとめるつもりでした。

いろいろな関係者に会っていたのですが、結局やりきれなかった。労働問題の資料を集めた図書館へ通って、市職労のニュースのバックナンバーを全部コピーしました。組合の資料から過激派の配布物のようなものまで、全部揃っているのです。

司書がいて、いろいろ教えてくれる。そこに通って、市職労のバックナンバーを虫眼鏡で読んで、一九六〇～七〇年代の社会党がもっとも強かった頃を見ると、それなりの理論構築がある。たとえば、パソコンに向かうのを一日一時間と決める労働条件の法的な根拠は、ＩＬＯ（世界労働機関）の基準を元にしていたりする。それなりに理屈があるのです。

ところが、それがいまの日本の常識と合っていない。違う時代なら、そんなに文句は言われないのかもしれません。とくに公務員の労働運動が社会の「空気」を読み切れなくなった状況は、どこから来ているのか。自分たちの「時代とずれた姿」を客観的に見られなくなったのはなぜなのか。こういったことが、最後までわからなかったのです。

上原　それは気の遠くなる、すごい作業ですね。僕は藤井さんほど徹底的に資料に向かったことがないけれど、『差別と教育と私』を書くにあたっては、取材して、段ボール四箱くらいの最低限の資料は読むじゃないですか。それでわかったのは、とくに解放運動では、人間を極端に割り振りしすぎてるということでした。差別する人と被差別民とか、イデオロギーが右とか左とか、人間の分け方が単純すぎる。

たとえば、さっき言ったように、人間は基本的にお金などの実利や、大きな力に沿って動く面がある。解放運動に関わる人たちは、その渦中にいるためか、その点がまるでわかっていないと感じました。いまは、いわゆる総保守で、イデオロギーの区別がそんなにないから、人間の根本的なものが出ている。そして、ネットという表現方法もあるから、なんでもダダ漏れみたいに出てしまっていてまとまりがつかない。だけど人間の本質というのは、そんな時代だからこそ、よく見えているように思います。

人間の根本的なものっていうのは、たとえば名誉欲とか権威欲、あとはお金ですよね。最初は社会をよくしていこうと情熱を持っていた、ある種、純粋な人でも、やがては権威や金を優先させるようになってしまう。権威とお金っていうのは、部落差別も吹き飛ばしてしまうほどの魔力を持っているから。イデオロギーの対立がなくなった現代のほうが、その点がよりクリアに見えてきているように思います。

僕自身も、同じような人間だから、まず「共感」することから始めたいわけです。心の中では批判したい気持ちはあっても、ぐっとこらえて、相手がなにを考えてるのかわかるためにも、できるだけ「共感」から入るようにしています。そのとき人間の根本的なところがわかっていないと、表面に出ている事件や現象に惑わされてしまうから、できるだけそれは避けたい、という考え方です。

ただ、さっき藤井さんが言われたように、どれだけ資料を読みこんでも、できるだけ取材しても、答えをなかなか見出せないということはよくわかります。そもそも答えなんか、ないのかもしれないし。あえて答えを出さないで、読者の方々に考えてもらうというケースも多い。

藤井　人間は、どうしても自分のおこないを正当化したい。客観視ができていないとはいえ、たぶん世間とずれているという感覚は、運動や労組のなかにもあったと思うのです。当時ずいぶん取材をして、かたちにはなりませんでしたが、「革新」の側も肥大化していくと官僚的になり、少数意見を叩きつぶすようになり、それに対して警鐘を鳴らしている人もいることはよく理解できました。だけど、井の中の蛙《かわず》というか、だんだん世間から自分たちの「運動」をどう見られているのかわからなくなってきたのではないでしょうか。過去には差別や抑圧の歴史があり、血や汗を流した数えきれない闘争があって、現在の「権利」がある。だからいいのではないかというような感覚ではなかったかと。

上原　そう思い込んでいたんでしょうね。左右と善悪、分かりやすい区切り方をした世界だな、と思います。以前からその矛盾に気が付いたのは、ごく一部の人だった。僕は二〇代前半のときに、衝撃的なことを聞いたんです。共産党から自民党に移った地方議員がいるのですが、なんでそうなるのか。当時の僕にはまったくわからなかった。

その議員の秘書と話す機会があって、「どういう理屈で共産党から自民党に変わるんですか？」って聞いたら、「あのねえ、自民党は〝動物〟なんです。わかりやすいんですよ。共産党は理想的だけど、やっぱり不自然なんです」って答えが返ってきた。これは当時の僕としては、ちょっとした衝撃でしたね。腑《ふ》に落ちたというか……。

たとえば「みんなが平等だ」と言うのは、理想としてはそのとおりなんだけど、やっぱり現実的に考えるとかなり無理がある。人間は欲望の塊《かたまり》なので、それを前面に出さないまでも、隠さないでコントロールするという自民党のほうが自然で、政治活動がやりやすい。たぶん政治の世界に入ってから、彼は現実を見てそう思ったのでしょうね。

藤井　経済団体のなかにも、大企業のなかにも共産党員はいる。彼らは、こういう社会にしたいという理想を抱いてはいても、実際に政治や経済を動かしたり、さまざまな立場の人の利権や欲望をまとめることはしない。

他方、革新系といわれる団体や組織では、掲げるスローガンは社会主義的でも、組織の体質や在り方はとても自民党的、というか自民党より保守的というパターンも珍しくないですものね。ところで、上原さんが会ったその方は「路地」出身なのですか。

上原　だいぶ以前の話なので忘れましたけど、関係なかったんじゃないかな。路地出身の人で言えば、まだ社会党が政権を取るくらい元気なときに、解同の支援で社会党から国会議員になって、すぐに自民党に鞍替えした路地出身者はいますけどね。

僕も少年時代、その人の演説を聴きにいきました。大阪の路地出身で、いまも自民の現役国会議員です。この人なんかもぜんぜん節操がありませんけど、いま思えば政界に入ったとき、さっきの人と同じように考えたのかもしれません。やっぱり人間は実利で動く「動物」なんだと、どこかで悟ったんだろうな。ハンナン事件の浅田満《あさだみつる》も、飛鳥会事件の小西邦彦《こにしくにひこ》も、もともとは解放運動家だったけど、どこかの時点でそれに気がついたんでしょうね。

藤井　自民党系の同和会の集会にも行きました。叱られるかもしれないけれど、ある意味、自民党系の同和会が「なにを求めているのか」が一番わかりやすかった。

上原　自民党系は、もう「うちは利権団体だ」って完全に開き直っていますからね。人間って、開き直ったときがもっとも強いというのと同じなのかもしれません。

大前提を問い直す取材姿勢――「部落民」宣言とは、なんだったのか

藤井　かつては、在日コリアンだったら民族とか本名宣言、被差別部落だったら「部落民宣言」――書評では「立場宣言」としていますが――というのがあって、上原さんの本のなかでも触れられています。上原さん自身がそれをやった。それが教師たちの確信でもあったし、生徒がそれをやると教える側のやり切った感もあったはずです。

在日教育だったら、日本の学校の在日の子を朝鮮学校に連れて行くというのが、情熱的な外国人教育の教師の仕事だったという時代があった。いま考えると驚きますが、それが一番、教師としてあるべき姿だということですね。しかし、そのやり方が過剰であったり、無理やりだったら、問題だったとも言える。

上原　教師もいろいろなのでなんとも言えませんが、そういうことをしたほとんどの教師は罪悪感などないんじゃないかな。一部の真面目な人は少し持っているけど、いまは右を向いているから右を向

け、とやっているだけではないでしょうか。教師っていうのは総体的にボンボンが多いからか、時代の流行についていく素直な無邪気さがあるけど、これは危ない。だから僕は、取材中にゾッとしましたね。太平洋戦争が始まったときに、なんでああいうふうにみんな同じ方向に向いたのか疑問だったんですけど、「こういうことか……」と取材していて腑に落ちました。

時代が左に行ったら左、右に行ったら右。いままで「君が代」に大反対だったのが、「国旗及び国歌に関する法律」が成立してから、どうやってこれまでの運動と思想に折り合いつけるのか、という話に普通はなるじゃないですか。

でも結局、一斉に旗を揚げる。以前の方針との違いについて、論理的にどういう折り合いを付けているのか聞くと、「いまも反対運動をしている人がいるみたいだけど、そういう人たちはうまく時代に順応できなかったんだよね」という言い方をしていた。「やはり時代に合わせないとだめ。理解されないよ」みたいな言い方の教師もいました。

まあ、現実主義というか、そのとおりなんだけど、びっくりするくらいコロッと変節をする。だから教師って、インテリ然としてるけど、大半の人はなにも考えていないなあと、逆に感心してしまいましたね。まあ、教師に限らないのかもしれないけど。

藤井　結果として本名宣言とか部落民宣言は、プラスになったかマイナスになったかはわからない。けれど、上原さんは個人として、それはそれでよかったと思っているわけですよね？

上原　僕個人の話で言えば、よかったと思いますよ。一九七〇年代までの不良に対しては効果的だった。当時は、全国的に学校の荒れ方がすさまじくて、まだまだ貧乏な家庭も多かった。だからそれなりの効果はあったんだと思います。

だけど八〇年代後半からは、だんだんそれが通じない時代になっていく。時代も総中流化みたいになっていきましたよね。七〇年代生まれで、八〇年代に中学校生活を送った人は、部落民宣言については総じて批判的です。極端に貧しい子が少なくなり、面と向かってされなくなったから部落差別の実感もない。だから、部落民宣言に拒絶反応を起こすようになったんでしょうね。

藤井　なるほど。でも、教師のある種のイデオロギーに根差した教育は？

解放教育を担った教師たちの「転向」をも書く

上原　それは一部の教師ですね。大半の教師は、日の丸・君が代の強制問題で解放教育への取り組み方がガラッと変わりました。あれが一番のターニングポイントだったと思います。二〇〇二年の法律期限切れもあって、教育現場では解放教育派の教師がきつくなっていった。左的な教育運動だったから、ソ連崩壊とかもほぼ同時期で、そうした時代の流れにかなり影響を受けたようです。

藤井　日の丸・君が代は国の法律化をされてしまったので、もうあきらめるしかないという考え方ですか。解放教育に関わってきた教員は学校に日の丸・君が代はある種の差別の象徴として、強制されるのを拒否してきた。

上原　僕は個人的には天皇制には反対ですが、実際に日本には天皇の存在をありがたがる人が多いのも事実ですよね。まあ、現実的には国際的に国旗と国歌は必要だから、教師も理想より現実をとらざるを得なかったとも言える。「君が代」の「君」についてもいろいろ解釈がありますが、やっぱりこれはどう考えても天皇のことですからね。しかし、日本は君主国というか、天皇制のある国なのだから、べつに不自然な歌詞というわけでもない。

法律ができたのが一九九九年だから、二〇〇二年までのあいだに、教師たちもゆっくり気持ちの整理をつけていったのでしょうね。やはり一気には変われないし。そのあいだに、たとえば広島なんて、左寄りの教師たちが集中攻撃をされた。教育委員会によって、どんどん左の活動家的な教師が潰されていった。文部科学省からも、強烈な役人がどんどん現場に送り込まれてきた。東京だったら多摩地域とか国立《くにたち》市とかは教職員組合が強くて、ずっと抵抗していた。いまだに反対している人はいるけど、どっちかというと、もう意地の張り合いになってるような気がしないでもないけど、それはそれで立派なことだとは思います。処分をくらっても、一本スジを通しているという意味では。

藤井　日の丸・君が代強制については、裁判闘争もごく一部でいまだに続けられています。国立高校の日の丸・君が代闘争は、ずいぶん取材に行きました。たとえば都立高校の教職員組合は、組織率がいまだに高くて闘争的です。それを支持するリベラルな保護者もいる。

上原　日の丸・君が代といっても、根源的には地域差の問題という側面もあるでしょうね。たとえば東北とか南九州ではあまり盛んでなかったんじゃないかな。

部落民宣言に話を戻せば、それで教室がひとつにまとまってくるというのは、詰まるところは教師による洗脳であり、ただの自己満足です。生徒は卒業して社会に出たら、その世界でひとりぼっちになり、洗脳から解けるわけですからね。

でも、「じゃあ部落民宣言は悪いことなのか」と言ったら、なかなか善悪では語れない。受け取る生徒によってまったく違うからです。「そのとおりだよね」という人もいれば、「むずかしい問題だよな」とか「絶対に反対」と言う人もいる。

藤井　一般的には「やらないか」と生徒に言って、「嫌だ」と言った子にはやらせないのですか？

上原　基本的にそうなのですが、地域や場所によって違います。僕の故郷の中学だったら強制で、「嫌だ」と言ったら殴られた。

だけどそこは、路地の子のほうが偉そうにしてるような特殊な地域でしたからね。隣にある一般校では、宣言などまったくしてませんでした。解放教育に熱心だった同和推進校全体で言えば、とりあえず教師が全体をそういう方向になんとなく持っていって、結局はしなくちゃいけないような雰囲気にしてしまう、という感じが多かったんだと思います。

藤井　そうすると、路地の子でも宣言する子はするし、しない子はしない。しない子は、心を揺さぶられるでしょう？

上原　そりゃあ、よくも悪くも洗脳されて、全員が「宣言しよう」というほうを向いていますからね。とりあえず周囲に合わせておいて、宣言することで事なきを得る子のほうが多かったんじゃないかな。

それでも、しない子は頑固にしなかったですけど。当時は宣言しないほうが大変だったでしょうね。

「荒れた」子ども時代を考える

藤井　僕は、名古屋の新栄《しんさかえ》という、飲み屋や性風俗店が密集していた地域の出身で、小学校では隣の被差別部落から生徒の半分が来ていたのです。尾張《おわり》地域も被差別部落が多いのですが、そこは名古屋でもっとも解放というか開発が遅れた地域です。だけど僕のいた小学校は、同和教育がゼロ。どうして地域によってこれほど温度差があるのかと思いました。

思いかえすと、うちの小学校のある先生なんかは、「そっち（被差別部落）へ行っちゃいけない」と平気で言ってしまうようなひどい奴だった。そのことは子ども心にもわかった。路地の子が生徒会長に立候補しようとしたら止めさせたりとか。

僕は名古屋の高校時代から、いろんな市民運動に首を突っ込みました。愛知県だと同和教育をバリバリやっている先生と出会ったりします。その先生たちは、それこそ解放運動の拠点のいくつかで教えていました。

上原　名古屋の場合、先生に熱心な人がいたというのは、その人個人の正義感と情熱でやっていたんでしょうね。同和教育の全国大会があるのですが、それに個人的に参加して各地方の取り組みをいろいろ聞いて、「じゃあ、自分はこうしていこう」とか工夫をしたんだと思います。教師っていう仕事は、待遇はだいたい保障されているんだから、それくらいの人のほうが向上心も感じられるので、僕は個人的に好きですけどね。

藤井　うちの近所の中学は被差別部落から通う子が多かったけれど、そこにも解放教育はなかった。時代も暴走族全盛だったし、「3年B組金八《きんぱち》先生」というドラマが始まったりして、ヤンキーの全盛期でした。子どもは荒れ放題。暴力沙汰は日常的でした。

上原　そういう学校で解放教育がないところでは、不良たちのありあまる力を発散させるためにクラブ活動に力を入れたり、怖い先生を集めたりしてた。怖い先生とは、厳しい体育の先生と、指導主任の厳しい先生。指導主任は授業を持たないので、校内の見回りをさせていた。僕も授業を抜け出したとき、ちょうど出食わして注意されたりしていた。

だけど藤井さんの世代の解放教育に関しては、いまからは考えられないくらい生徒たちの荒れ方が凄かった。当時の元生徒たちのなかでも、特に元不良だった人には解放教育に対する賛成派が多いです。あの頃、解放教育を受けた、藤井さんと同じ世代の元不良は「よかった」とだいたいは言います。

藤井　それによって、アウトロー化するのを防いだ。

上原　不良に対しては、一定の成果があったとは思います。不良問題が社会問題になっていた時代でしたからね。だけど時代がどんどん変わって、生徒の質も変わって、総中流化したら合わなくなってしまった。解放教育と言っても、バシバシ生徒を殴ってた時代ですからね。しかしそれでも、解放教育で更生したという子は、全国的に見れば一割くらいじゃないかな。ごく一部の子が更正して注目をされているだけであって、荒れてた子のほとんどはヤクザになったり、どうしようもなくなっちゃってましたからね。学校ではおとなしくなっても、社会に出たら厳しい現実が待っているわけです。

藤井　そうすると、上原さんは一割のなかに入っていたというわけですね。

上原　僕自身が更生していると言えるかどうかわかりませんが、僕の友だちはみんな、ワルになっています。いまは、なにをやっているかわからない。というのも、昨年、取材も兼ねて中学の同窓会に初めて行ってみたのですが、学校は普通の公立中学だったから、同窓会にはまともな仕事をやっている人が来ます。まともな仕事についていない奴は同窓会に来ない。エリート校だと、成功した人しか来ないと言うじゃないですか。それの最底辺版ですね。

藤井　たしかに僕の小学校なんか、同窓会をやろうとしても行方不明で連絡が付かないという子が卒業後数年の時点で、すでにいました。背景にはそういう問題があったのかもしれない。

取材か？　議論か？　衝突か？

藤井　解放教育は、いまは地域によって違いがあるのですか。

上原　解放教育は左翼色の強い教育運動だったので、全国的に見ればもうほとんどの地域でやっていませんが、ごく一部ではまだあるようです。やるかやらないかは、教師個々人で判断しているような状態ですね。でも、地域によっては人権研究所なんかで同和教育の実習もあるし、それに参加するときは休職して、何ヶ月かそこで勉強することはできるようにはなっています。いまは解放教育ではなく、「人権教育」と呼び方を変えていますから、以前のような教育運動とは違うものになっていますが。

藤井　行政が人権宣言を出していて、施策として解放教育や人権教育を取り入れている地域だと、そういうことがやりやすい？

上原　それも地域によってかなり違います。市単位でやっているところもありますが、市は規模が小さいですから、やはり県が取り組むか取り組まないかということになる。三重県なんかは熱心にやってますね。

ちょっと違う話ですが、東京だと大田区は熱心です。駆け出しの頃に、講演の依頼をされてびっくりしました。大田区は東京都では珍しく人権問題に力を入れている。大田区にも部落問題はあるのですが、もうみんな引っ越しちゃって、ほぼ昔からの人は住んでいないのです。実質、「路地」のない区なのですが、それでもやるというのは、情熱的に人権教育に力を入れている地域もあるということですね。もともと大田区には貧困層が多いという歴史もあったからでしょう。創価《そうか》学会の出発点となった地域ですから。

藤井　いずれにしても、実際には差別はある。僕は猿まわしの村﨑《むらさき》太郎《たろう》さんといろんな地域を回った時に、解同の二〇代の若者たちと酒を呑みながら話しました。実際に突出しているのは、先ほども言いましたが結婚差別でした。いまは「解放教育」もふくめ、反ヘイト教育が本当に必要だと感じています。差別や憎悪に対抗するのは教育だと思っていますから。そのあたりについて、今回の取材を通して感じたことはありますか。

上原　藤井さんのように、そこまで考えたことはないですね。僕は「取材相手の気持ちになろう」という訓練を二〇年近く続けてきたから、「ヘイトをやっている人は、なぜそう考えるのだろう」という方向に思考がいってしまうんです。ルポする立場ですから、反ヘイトの活動をやろうというふうにはならない。それをしてしまうと表現者でなく、活動家になってしまうのではという危惧があるから。

ルポライターとしては、やはりその人にできるだけ「共感」というか、シンクロさせるほうが大切だと思うのです。なぜそういうことをやるのか。理屈だけでなく、感情の面でも見なくてはいけない。誤解をおそれず言うなら、もう「自分個人の意見」というのが、僕にはほとんどない状態です。そういうのをできるだけ排除して、バランスを取る。どちらかに付くというよりも、現状を分析するほうに向かってしまうというか、できるだけ白紙でいたいと思っているからです。

ヘイトなどの激しい言葉に反応してると、正常な判断ができなくなります。まず「なんでそうなるのだろう？」というふうに考えて、ヘイトだったら逆にヘイトに寄り添うことで、その現象について、理屈ではなく肌の温感で理解しようと努めるでしょうね。

たとえば、「行政を相手にして議論を深める」という言い方があるけれど、それは議論というより交渉ですね。自治活動や政治についての議論や討論は必要だと思いますが、ノンフィクションの書き手については、議論とか討論はあまり意味がないと思っています。自分の性格として、あらゆる団体行動が嫌いで、おまけに社会運動というものに失望したという経緯を持っているからという思いが根本にあるのでしょうね。
討論について言えば、僕はそもそも体育大学出のバカで、性格破綻者ですから、討論なんかしたら、ただのケンカになってしまうんですよ。育ちが出てしまう。そんな個人的な欠陥はちょっと置いといても、物書きが社会問題について議論とか討論なんかしても、答えが出るわけじゃないんだから意味がないと思っています。主張するのはいいと思いますけどね。その点がほかの人とは違うみたいです。

藤井　僕らは取材者だから、嫌な「相手」であっても取材する必要があるということですね。そういえば僕が二〇代前半のとき、新右翼の一水会《いっすいかい》の若者にインタビューしていたつもりが大げんかになり、「表へ出ろ！」みたいな感じになってしまったことがあります。相手は同世代でした。取材のつもりが議論になり、カッときてけんか腰になっちゃった。
体罰死事件を記録した『暴力の学校 倒錯の街』（朝日文庫）の取材では、福岡県飯塚市や直方《のうがた》市で被害者のありもしないデマをまき散らして、加害者の嘆願署名運動を展開した人々を探して歩き回りました。最初はじっくり話を聞いて、途中から相手のやっていることを否定するという取材スタイルでした。当然、僕が足を運ぶ先々で揉め事が起きる。責めるようなインタビューをして、相手が泣きだしたこともあった。そのありのままを書いて、事件が起きた地元の書店では、本を置くのを拒否されたこともありました。

取材者が「ゼロ地点」に立つことは可能なのか？

藤井　上原さんは、「取材相手の気持ちになろうという訓練を、二〇年近く続けてきた」とおっしゃったけど、それは自分の性格を変えるというような感じなのですか。いわゆる「ゼロ地点」に自分を置く、みたいなことだと思いますが――取材者が自分をゼロ地点に置くことはむずかしいと思うけど――、それは上原さんが意識的に取るようになったスタイルなのですか。

上原　そうですね、性格を変えるくらいの気持ちでした。やっぱり左翼的な教育とか、解放運動にある種、洗脳されてきた過去があったから、意見としてはどうしても左的になってしまう。だから僕の場合はまず自分自身で考えるために、いったん自分の意見を「白紙」にしようという意識が強いんです。「白紙」というのはつまり、どちら側にも付かないということです。まったくの白紙というのは不可能ですが、まずそうなろうと努力するところから始めます。そして取材が始まれば、できるだけ相手に寄り添って共感したり、好きになれる点を探します。相手が犯罪者であろうと、差別者であろうと同じです。

時事問題を扱うジャーナリスト系のなかには社会正義という観点から、相手の批判的なところから取材を始める人が多いですが、僕の場合はまず自分の意見は白紙にして、相手のことを好きになろうとします。極端な話、取材相手を愛していないと書かない。相手を愛していれば、結果的に書くときに批判的になっても、書き方が善悪という一方向だけの単純な批判でなく、複層的なものになると思うからです。それが結果的に、さまざまな立場の読者の方々にとって読みやすく、深く考えてもらえる読み物になるんじゃないかと。

藤井　取材対象と最初から深い共感を持ってのぞむ場合もあれば、反目する場合、純粋に興味がある場合など、いろいろな入り方があると思います。取材で相手のことを「理解」するということはどういうことなのか、よく考えます。

日本のノンフィクションは、元は「記録文学」と呼ばれ、労働運動のなかから出てきた。つまり、書き手が権力を批判する表現として活動してきた面が大きいと思う。そもそも、いわゆる政治的には、「ノンフィクション＝左派的な表現活動」だった。つまり、反権力表現だった。

いまさらお聞きしますが、上原さんはどうして活字でノンフィクションをやろうと思ったのですか。

上原　もともとは文学少年だったので、小説家か詩人になりたかったんですね。それが学生時代に解放運動から障害者、釜ヶ崎のホームレスなどに関わるようになり、社会問題をテーマにした本を読むようになって、ノンフィクションの持つダイナミックな迫力に魅せられてしまったんですね。ノンフィクションにハマると、小説の物語がつまらなくなってしまったんです。ノンフィクションは資料なども駆使するので数字や名称などのまちがいが許されませんから、バカ大学しか出ていない自分の性格にはまるで合っていないと思ったんですが、ハマってしまったので、もうこれをやるしかないと。

藤井　上原さんは一貫して、「私」の出自と向き合うテーマをノンフィクションというかたちで表現してきた。一方、取材対象からすると、上原さんはどのように「見える」のでしょうか。出自が同じという安心感のようなものや気安さは、やはりあるのでしょうか。それゆえに取材もやりやすいという面もありますか？

「出自」や「民族」が同じだったり近いものであったとしても、思想や価値観、政治的立場がいろいろあるのは当たり前のことです。そんななか、「私」ノンフィクションならではのやりやすさ、あるいはやりにくさなどがあれば教えていただけませんか。

上原　路地（同和）に関しては、入口としては、ある程度は出身者でないとできない面はあると思います。取材相手の「共感」を得やすいですからね。だけど今後は、それを超える人も出てくると思います。出身者の書くものって、やはりどこか偏ってますからね。そうでないといけないと思っています。

「私」ノンフィクションについては、物書きっていうのは、ブロガーでもなんでも、広くいうと表現者というものは結局、「私」に戻ってくるものだと思ってますから、特別なことでもなんでもない。どこまで「私」に踏み込むのかが違っている、という程度のものだと思っています。ただ、僕の場合はかなり自分の内部に暴露的に踏み込むスタイルだと思うので、書いていて「苦しいなー」と思うときはあります。

「イデオロギー」と取材者との距離

藤井　話を戻します。拙著『教師失格』（筑摩書房）に書いたのですが、大阪の天下茶屋《てんがちゃや》で小学生の在日の子を同級生がいじめるという事件がありました。それを解同系（社会党系）の日教組の教師が問題にしました。でも、教職員組合の八割くらいを占める共産党系の人たちは、その解同系の教師を糾弾したのです。「あれは成長する過程で起きる、ひとつのいたずらである」みたいな理屈でした。それを取材した経験で、彼らの「寝た子を起こすな」的な考え方をリアルに知りました。

上原　共産党系は「共産革命さえ起これば、すべての差別は解決する」という考えですからね。しかし、学校でのイジメについても、そう言うつもりなのかな。当事者としては〝今〟が問題なのに……。

同和でいえば、やはり部落差別は日本の特異な社会的問題であるという事実を認識するべきです。藤井さんからもご指摘があったように、現実に結婚差別はあるんだから。解放運動も、悪い面ばかりでなく、よい面もあったとして、前向きに総括すべきだと思います。

これは、韓国の被差別民の「白丁《ペクチョン》」を取材したときにそう思いました。韓国は七〇年間、ずっと寝た子を起こす国なので、解放運動をしてこなかった。じゃあ、いまはどうなっているかと言うと、人権教育自体をやっていない。障害者がいたら平気で指さして、堂々と笑ったりしている。いまはちょっと変わってきましたが、僕が取材した一五年くらい前まではそうでした。

ある意味、正直といえば正直なんだけど、「寝た子を起こす」でやってきた韓国ですら、まだ「白丁」は地方でひっそりと存在していた。ただし、解放運動がなかったからマスコミ・タブーはほとんどない。けれど、実際に住民たちがいる現地では「白丁」という名前すら言えないタブーになっていて、それが都市部では肉屋の差別に転化している。「肉屋は白丁だ」というふうに変わってしまっていて、差別がいびつになっていると感じました。

だから「言わなければ差別はなくなる」なんてウソだし、まずは問題を具体的に調べて、認めて、そこからいろいろと考えるほうがいい。それが「他者への気づき」にもなるし、そこに日本社会でも行動したり運動する意味があると思うんです。

同和に限らず社会問題というのは、どんな小さな問題であっても、ちゃんと公開して表面に出してみんなで考えようとしなければ、もったいないと思う。共産党系のように、まだ差別はあるのに「もう差別はない」と断言してしまっては、話はそれで終わってしまうでしょう。前進していかない。

藤井 いま、解同の若い子たちは、どのような教育を受けているのですか。

上原 狭山《さやま》事件の取り組みとか、部落史の勉強くらいかな。

藤井 八鹿高校事件なんて、高校でも触れないんですか。やはり、もろに政治イデオロギーがからむ問題は避けてしまう？

上原 そういう部分は一切、触れませんね。地元だとなおさらで、八鹿高校事件のヨの字も言ってない。まあ、教えるほうもじつは総括できていないから、説明すらできないんだろうな。

藤井　そういう意味では、いま解放教育を受けている子どもたちに上原さんの『差別と教育と私』を読んでほしいな、と思ったのです。歴史がわかるし、矛盾が噴き出た広島の世羅高校で起きた校長自殺事件の、教師の本音が描かれているので、複眼で考える材料になる。

上原　そうなってほしいけど、僕の力不足もあって、あまり売れないのが現実ですね。先日もあるジャーナリストから「上原は部落民宣言に肯定的だからなあ」って言われたけど、解放教育派の教師たちからすれば「上原は変節して否定派になってる」と言われる。

いまの解同の若い人は、親が運動やっていたから継いでいるだけで、自分からやっている人が少なくなりました。親孝行な人たちの互助的な集まりになっていて、これは解放同盟員自身も認めてます。運動を継続していくという意味では大事なことだけど、継続が目的化していて「なんだかなあ」という思いは残る。政治家と同じように、自分たちがいままで運動をしてきた地盤を子が継いでくれている。自分たちが批判してきた政治家たちの世襲的な状況と、なんら変わらないような気がします。

ただ、路地出身の若い人たちが、それをきっかけにしてでも、集まれるのはよいことだと思う。差別の問題について、みんなで話し合うのは大切なことです。解放運動する子って、真面目な子ばかりですから。でも、「差別はいけないと思う」とか、当たり前の話になってきちゃうと意味がない。そんなことを言うだけなら、そこらへんの子どもだって言えますからね。

藤井　アップデートされていく差別に対抗する思想があるわけでしょう。いまはヘイトスピーチとか在特会《ざいとくかい》みたいな差別主義者たちがいて、生活保護受給者や在日や外国人を敵視し、殺せとか平気で叫んでいます。そういう状況に対して、解同の若い世代がどう理論的に立ち向かうのか、みたいな組織的な議論はあるのですか。もちろん個人で活動している人はいるだろうけど。

上原　そういうのは、ないでしょうね。もちろんヘイトには反対しているけど、「差別はいけない」という当たり前の話だけをして、自己満足に終わっている。「人権フェス」みたいなイベントをやるのが目的みたいになってる。主催側は達成感もあって気分いいかもしれないけれど、そのイベントにどれだけ反差別の具体的効果があるのだろうかと思います。

これからの部落解放は、親兄弟と対峙するくらいの変革がいるから、そこまで踏み込めない。一九六〇年代までは、そうした動きも活発だったし、兄弟のなかで解同と全解連（共産党系）に分かれるなんて葛藤もあったのに、いまは予定調和でしかない。こうした弱体化が、ヘイトの呼び水になっている可能性もある。

差別でいえば、繰り返しますが、結婚差別はまだ根強い。いまは「部落差別とは結婚差別です」と言っても過言ではない。地方はかなり残っているのだけれど、じつは東京や関東でもけっこうあります。東京は、元はと言えば地方から人が集まってできた都市ですから、まだ引きずっている人も少なくない。

しかし、解同の若い人たちでも、結婚差別をどうやって解消するかという話し合いをやったりしない。結婚というのが家同士の個人的な話だという事情もありますが、「最後の差別」である結婚差別を解消するとか、そういう方向に話がいかない。屠場の映画の上映運動をしたりとか、運動を継続するためにゆるい活動をするだけ。ムーブメントとしてなにかを起こそうという意識はあまり感じられない。

まあ、昔と比べて差別が見えなくなったという事情もある。切羽《せっぱ》つまった思いがないから、活動の動機としても弱い。そういう意味では、ヘイトスピーチのほうが現在のムーブメントになってる。同和利権についても、自分の親がやってたことだから批判できない。本当は、親を乗り越えていったところに意味があると思うのですが……。

教育も同じで、自分の受けた教育を乗り越えることが、本来の教育の意味でもあると思う。そこに人間的な成長があるんじゃないでしょうか。

乗り越えができる子というのは限られているかもしれないけれど、差別に向き合い、あがいている若い人たちが発言することで、「なるほど」とみんなを注目させ、世間に考えてもらうきっかけにはなると思う。若い人たちがそういう存在にならなければいけないのに、壁を乗り越えられないというか、乗り越えようとも思っていないのは残念ですね。

藤井　上原さんも「自分がいた側」に匕首《あいくち》をつきつけるような取材や表現になることが少なくないと思う。取材者を続けていると、かつて同じ「陣営」にいたというか、「運動」を一緒にやっていたとか、思想が近かったりした人々と袂《たもと》を分かつということはよくあります。

僕にも少し似た経験があります。かつて「子どもの権利」を中心に置いて取材していた時期があった。取材活動と社会運動が一体化しているようなところがあって、前述の大阪の天下茶屋の事件もそういう活動のなかで知り、取材をしました。そこではリアルに「反差別」とか「人権」ということを旗印に掲げていても、実際はさまざまな政治的違いがあり、たがいに納得できない理屈がまかり通っているのだなあと思いました。

一九九〇年代の終わりから少年犯罪の取材をしていくうちに、事件の被害者の声を徹底的に取材するようになりました。それまで親しく付き合っていた「人権派」の人たちが、少年法を金科玉条《きんかぎょくじょう》のごとく扱っていて、批判する意見なんてひとつもないことに驚くようになった。

殺人事件でも家裁の密室審判で扱われて、被害者は参加することもできず、内容すら知ることができない。結果として軽い罰で終わっていく。すべて「非行少年の更生・立ち直り」のためです。僕は、その実態をあまり取材したことがなかったのだけど、ある時期からは「少年法はかなりおかしいぞ」と書き始めて、それまで親しかった人たちをどんどん実名で批判する本を出していきました。

ルポや対談本などを十冊以上は作りましたが、僕は「頭のおかしい裏切り者」「転向者」みたいに言われて、たくさんの人間関係が断絶しました。と言っても、彼らは面と向かって僕を批判するわけではなく、いわゆる「子ども村」のなかだけで言ってるのだけど……。

ノンフィクションは現実をそのまま取材して書いていくものだから、そういったことは宿命というか業《ごう》というか、しょうがないことだと思っています。いま流行している「嫌われる勇気」じゃないけど、「嫌われてナンボ」と思うぐらいに、開き直るようになりました。

上原　まあ、僕のように自分で考え、ひとりで活動している人は批判しやすい。ホントはそんなことしてる場合じゃないのに、組織には大局を見れる人がいない。「上原はナマイキだ」、「差別者だ」というレッテル張りで終わっている。これからの解放運動はもっと自由な発想からの変革が求められているのに、従来の主張を繰り返しているだけ。それでは部落解放なんてあり得ません。解同の元幹部が出版社の編集者を集めて人権講習をよくやるんですが、そこで延々二時間くらい僕の批判をしたりしている。編集者から「大丈夫ですか？」って聞かれました。僕は大丈夫だけど、こうした圧力で出版社が委縮して使ってくれなくなる。

同業のジャーナリスト系の人たちからもたまに批判されますが、批判の内容はこれまでの解放運動理論の受け売り。個人で考えた言葉ではないので、堂々巡りになって議論にならない。彼らも解同の言うことだから正しいのだろうと思考停止しているか、あとは仕事に関係するから、解放運動に沿った意見しか言わない。解同はマスコミはもちろん、ほかの市民運動とか学校とか、さまざまな団体とつながりがあるので、嫌われると仕事に支障が出る。講演依頼もなくなりますしね。だから解同でなく、上原の批判をしておけば安泰となる。ただ、土門拳賞を取ったある写真家から「上原くんも解放同盟に嫌われてこそ本物だ」と評してもらいましたが、その言葉が励みになっています。やっぱり単なる「時代の同調者」ではなく、なんど倒れてもバカはバカなりに、いつも自分で物事を考えられる状態でいたいと思っています。

己の身も切るノンフィクションライターとしてのスタンス

藤井　ところで、月刊誌「文藝春秋」（文藝春秋）に上原さんが短期連載された自分自身の双極性障《そうきょくせい》害の話は衝撃でした。僕も四〇歳すぎてからパニック障害をやって、過呼吸発作が一時期、コントロールできなくてたいへんでした。上原さんはなぜ病気だとわかりましたか。

上原　当時付き合っていた女性が看護師だったので、これは様子がおかしいと病院に連れて行ってくれました。

藤井　自覚症状はなかった？

上原　ぜんぜんなかったです。だけど、ずっと「仕事ができない」と泣いていたりしていたみたい。薬の影響もあって、記憶にはほとんど残っていないのですが……。まず、電話がかけられなくなって、取材ができなくなってしまった。いまから六年くらい前のことです。

藤井　僕もパニック障害をやったとき、電話すらかけられなくなってしまいました。当然、電車や飛行機にも乗れない。

上原　ルポライターとして困りますよね。電話がかけられない件では、事情を知らない人には「冷たい奴だ」と思われ、付き合いも途切れてしまったから、人間関係が壊れてしまった。これは痛かったです。

思った。

藤井　外に出たくないし、社会への関心がどんどん失われていく。「俺は取材者として終わった」と思った。

上原　僕は唯一、付き合いのあった女性には電話ができたから、つぎつぎに電話をかけてしまったんです。睡眠剤を飲んで、意識を失うまで。そしたら結局、電話をかけた女性全員に着信拒否される事態になって、プライベートでも孤立していった。まあ、当たり前ですよね。

藤井　電話がかけられなくなるのは自覚症状ですが、それがわからなかったのですか。

上原　最初はそれが症状だとわからなかった。ただめんどうくさいからできないのだと思っていました。電話がかかってきても怖くて出られないから、最初は自分のことを気分屋だと思っていました。これではいけないと思うのですが、病気だとわかっていないから、ただ落ち込んでましたね。それで病院に連れて行かれたら「このままじゃ自殺しちゃうから、すぐ入院だ」と言われました。「いや、これが本来の自分なんだ」って拒否しましたけれど、もともと入院すると仕事ができなくなって食えなくなるから、フリーではどっちみち無理なんですよね。あとになってその医師に「先生も開業医なんだから、休みたくても休めないでしょう」と言ったら「そうだね」と言ってました。フリーは本がバカ売れするか、実家が金持ちとかじゃないと、長期休暇なんかとれないから土台、無理な話ですよね。

中学の頃から「希死念慮《きしねんりょ》」っていって、いつもなんとなく死にたいと思っていたから、自分のなかではそういう気分が自然だった。いまから思うと、中学生のときから資質を持っていたんでしょうね。それまでやってなかったスポーツに急に目覚めて、深夜まで練習して、一年半トレーニングしただけで体育大学にスポーツ推薦で入ったり。

そのことはドクターから指摘されて、初めて気がつきました。女性関係のもつれからのトラブルをきっかけに発病したので、ドクターからは最初「境界性人格障害」を疑われたくらい、女性関係にはだらしなかったから。

藤井　なるほど。希死念慮はずっとあって……。

上原　本当は、それすら気がつかないらしいです。統合失調症も同じで、幻覚とか幻聴とは小さな頃からずっと付き合ってきたから、それが当たり前になって気づかない。だから、本人はうつとかを発症するまで自覚がない。

中学生のときから自殺願望があった話をしたら、ドクターからは「自分を客観視できていた」と言われました。それを聞いた僕は、「やっぱりオレにはルポライターの才能があったんだなあ」ってうれしく思ったくらいだから、まあ、呑気なものです。

藤井　同居していた女性がおかしいと思って病院に連れていかなければ死んでいたのでは？　四〇〇錠も睡眠剤を飲んだんでしょう？　致死量ですよ。

上原　致死量でしたが、通報してくれて、発見が早かった。あとでカルテを申請して見たら、刺激に無反応で、瞳孔も開いていたとありました。周囲には「生存の可能性は少ないけど、できることはやってみます」という説明があったそうです。快復してから「あと一時間遅かったら死んでいた」と言われました。

藤井　死の淵から戻ってきたんですね。どうして、そのことを書こうと思ったのですか。

上原　話を知った編集者から「書きませんか」と依頼されたからです。ただ、書くのはもう少し先になると思ってた。あと二〜三年後。体調をある程度もどして、自分のことをさらに客観視できるようになってからだと……。でも依頼されたから、やってみようと。仕事の依頼なんてめったにないですからね。

藤井　僕もブログにパニック障害のことを書き、精神科医の名越康文《なこしやすふみ》さんとの対話——彼は僕の友人であり、主治医なのですが——というかたちで本（『40歳からの人生を変える　心の荷物を手放す技術』牧野出版）を出しました。とはいえ、上原さんのように「私」ルポとしては書き切れなかった。名越さんから受けたカウンセリング記録みたいな本です。

上原　ライターって、他人のプライベートを平気で書いてるクセに、自分のプライベートを書かれるのを嫌がる人が多いでしょう。僕は、人のことを取材する以上は、自分の身も切るというスタンスですから、その点はあまり抵抗がないです。

タブー問題を扱っているので、ある意味でほかの記者たちよりも人の嫌がることを、僕は人に訊かなければならない。だから自分のことを書くのは当たり前のことだと思っていた。そうじゃなきゃ、気が済まないし。まあ、その性格が精神を病む原因のひとつなのかもしれませんが。

藤井　双極性障害は、いまは落ち着いているのですか？　完全にコントロールできている？

上原　いまはコントロールできているけど、どうしても調子の波が大きくなりましたね。いまは安定剤と睡眠薬だけで、一応は「寛解《かいかい》（治癒状態）」にあります。まあ、仕事している以上、薬は一生飲まなきゃいけないかもしれませんね。

藤井　僕もパニック障害の発作がひどかったときに、名越さんからいろんなことを訊かれて……。昔、一緒に住んでいたことのある女性が、別れたあとに首をくくって自殺したのですが、それが原因じゃないかという精神分析的な診断をしてくれました。ですが、正直、僕もそれが原因なのかはわからないのです。上原さんの場合は、結局、女性とのトラブルが直接のトリガーだったのですか？

上原　それは壮絶な体験ですね。僕の場合は、直接は女性問題がうつを発症するきっかけでしたが、もともと幼いころから家でネグレクトを受けていたのが根本的な原因だとも思います。六歳くらいから両親がケンカばかりしており、何度も警察沙汰になっていて、当時は育児放棄に近い状態でした。まだＤＶが話題になっていなかった時代で、警察も民事不介入という姿勢だったから、そういう状態がずっと高校生まで続いていた。

兄もそれが原因で、犯罪に走ったんだと思います。そういった話も『差別と教育と私』に書きましたが。根本的にはそうした家庭環境が、病気の原因のひとつだったのかなと。

藤井　「私小説」ならぬ、「私ノンフィクション」が上原さんの持ち味というか……。それをあけすけに、オープンにしていくというすさまじさもふくめて、僕は一読者としてもこれからも上原さんの「身体」から発せられるノンフィクションを読みたいです。

（おわり）

影響を受けた作品は、　とくになし。

安田浩一

なぜ人がやりたがらない取材対象を選ぶのか

藤井誠二

安田浩一（ヤスダ・コウイチ）

一九六四年、静岡県生まれ。「週刊宝石」などを経てフリーライターに。外国人労働者問題などをテーマに取材活動を続け、「ネトウヨ」とされる在特会を取材した『ネットと愛国』（講談社）で二〇一二年の講談社ノンフィクション賞を受賞。二〇一五年、『ルポ　外国人「隷属」労働者』（「G2」vol.17）で第四六回大宅壮一ノンフィクション賞雑誌部門受賞。著書に『ルポ　差別と貧困の外国人労働者』（光文社新書）、『ヘイトスピーチ』（文春新書）、『沖縄の新聞は本当に「偏向」しているのか』（朝日新聞出版）など多数。

「ハシシタ」に感じた違和感とは

藤井　二〇一二～三年はノンフィクションの大先達である佐野眞一さんに関わる「剽窃《ひょうせつ》問題」がノンフィクション業界に激震として走った時期です。もともとはインターネットで佐野さんと同世代の猪《いの》瀬《せ》直樹《なおき》さんが言い出して、それをフリーライターの荒井《あらい》香織《かおり》さんが受けるかたちで、佐野さんの著作全部を検証して、その多くに剽窃があると断じました。連載中だった「週刊ポスト」（小学館）の創価学会を描く連載にもそれが指摘された。

荒井さんは、『ノンフィクション界の「巨人」佐野眞一が殺したジャーナリズム』（宝島社）というムックにまとめて、溝口敦《みぞぐちあつし》さんなどの同業者や弁護士も批判を書いた。安田さんも同世代の同業者たちと鼎談をなさっていて、考えを述べておられる。どこか身をさかれる思いもあるかと思います。

僕は個人的には佐野さんのファンだったし、すばらしいと思う作品があるし、正直いまでも好きなので、個人的にもショックでした。だからこそ、あえてこの問題を語りたいんです。

そして、もうひとつ。「週刊朝日」（朝日新聞出版）の「ハシシタ　奴の本性」（以下、「ハシシタ」）連載中止騒動。これは「週刊朝日」に佐野さんが橋下徹さん（大阪市長・当時）についての連載を始めた初回が、遺伝子とか血脈とか、そういう言葉を使っていることが血脈主義や身分制につながると、橋下さん本人らから差別的であると批判の声があがり、連載中止になった。

まずこちらから議論していければと思います。安田さんは、佐野さんのデータマンとして身近なところで働いてこられましたよね。この問題については、僕らが引き受けて考えていかねばならないと思うし、「ノンフィクション」を書くうえでの取材という行為について、いろいろな課題をふくんでいると思うのです。

安田 そうですね。僕自身も佐野さんの作品に大きな影響を受けてきた。人間的にも尊敬しています。そのうえで、まずは「週刊朝日」問題から話します。とにかく「ハシシタ」は一読して「嫌な感じ」がしました。同時に、現実に存在する深刻な差別への鈍感さも見てとれた。

自戒を込めて言えば、「嫌いな人間」を叩く書き方をするような場合には、そうとうに慎重にならなければいけないと僕は思ってる。糾弾したいぐらいの人間を書くときは筆の運び方に気を付けないと、読者を不快にさせるだけの物言いになってしまう。最初に読んだときに感じたのが、その不快さだったんですね。

連載記事のリードを目にしたとき、最初の違和感を抱えました。大阪市長・橋下徹の傲慢な人格をたどるためには血脈をたどる必要があるというのが導入になっていた。血脈が人格形成に影響を与えたことをなぜ強調しなくてはならないのか、それがすべてなのか、被差別部落をもってくることでなにかを紐解《ひもと》くことができるのか。そういう疑問があった。

僕らの業界の癖というか、たとえば事件取材をしていて、被害者や加害者が在日コリアンであったり、あるいは被差別部落の人間であったりすると、それでなにかひとつ答えが出てきたような錯覚になってしまうことが多いでしょ？

藤井　そう、昔からそういう鉄則めいたものがある。そこをバックボーンにすれば構造が見えたみたいな。

安田　ふだんはリベラルなことを言っていても、そういうキーワードが出てくると紐解けたと思っている人間は、この業界にすごく多いわけです。僕も長く週刊誌の現場にいて、自分のなかにもそうした部分があったのは事実ですね。

ノンフィクションの「解」としての被差別の「物語」

藤井　僕は書き手に成り立てのころ、共同通信の大記者と言われた方や、その右腕や側近として動いていた記者たちとお付き合いさせてもらっていました。多くのことを学ばせてもらいましたが、よく彼らが、なにか事件が起きると、在日コリアンや被差別部落や沖縄という要素が引っかかっていないか、ということを取材する前からひとつの「見立て」として話していました。

もちろん、それで全容を説明できるわけではないことはわかっている。そして、仮にあったとしても関係がない可能性もあることもわかっている。それでも、「それらの要素があったら書きやすいのではないか」という、ある種のプロットができているような気がしていましたし、僕も知らず知らずのうちにそういう見立てをする癖がついた部分はありました。事件の社会背景を追う取材では、悪弊とまでは言いませんが、多くの書き手が陥りやすいというか、ヘタをすると無理矢理にでもそこの要素を大きく扱ってしまいがちになってしまう。犯罪や事件の社会的背景というとき、どうしても日本社会の「負」の部分をクローズアップするから、被差別的な領域と関連づけて掘りたくなる。

佐野さんの『あんぽん』(小学館)を読むと、差別や貧困のなかから生まれ出でた、すさまじい人間の面貌《めんぼう》とかエネルギーとか物語というのを、佐野さんが好きで好きでしょうがないという感じがすごく伝わってくる。

安田　戦後リベラルが抱えていた「反差別」に対する懐疑みたいなものを、佐野さんも持っていたのだと思う。「ハシシタ」の記事が出る少し前の講演会で、悪しき平等主義が歪んだ上昇志向を生み出したという物言いをしているんです。そのことを「ハシシタ」で言語化したかったのかな、と思ったりします。

藤井　悪しき平等主義とは?

安田　機会平等だけではなくて結果平等に、みたいなものを、誰もが求めすぎているのではないかという疑念。そういう意識が社会に刷り込まれすぎていることを、問題視しているのでしょう。その物言いについて一部は理解できるけど、佐野さんは差別も被差別も、その実態をリアルに知らないんじゃないかとも思います。

ものすごく頭のいい人なので、知識はすごくある。理解しようともしているとも思う。だけど、内実はあまり知らないんじゃないかと思う。差別・被差別という二項対立のなかで物事の紐を解く方法しか、考えていなかったんじゃないか。内実はもっと複雑でからみ合っていますよね。

あと、僕ら全体に言えることだけど、在日コリアンを描くにせよ、被差別部落を扱うにせよ、そこに大きな「物語」があるに違いないという強烈な思い込みが、佐野さんにもあると思います。

藤井 根強くあると思う。そこには、反差別というダイナミズムみたいなものが渦巻いているに違いない、と。たしかに戦後の混乱期から現在に至るまで、差別というものがかたちを変えていまも残っているし、そこを生き抜いた人々の生きざまにはすさまじい労苦がある。でも、そこに物語を求めてカタルシスを得ようというのは、ある意味でジャーナリズムの安易な方法論でもある。

安田 在日コリアンは、みんながみんな貧しくて、苦しくて、被差別体験を共有していて、そこにモチーフを当てはめていけばいいというふうに思い込んでしまう……。それは、ノンフィクションやジャーナリズムが長年持ちつづけてきた一種の作法のようなものかもしれない。

藤井 安田さんが『ネットと愛国』（講談社）で追及してきたような、ネット上の匿名の差別発言や在特会らの醜悪なヘイトスピーチなど、許されてはならない犯罪的な差別行為などがいまもあります。そういう意味では、「差別される側」の生存を脅かすような差別や脅迫を絶対に許してはならないという思いは、ジャーナリズムのなかで共有されていると言えるのかもしれない。

一方、僕らがここで話しているのは、差別や貧困からはいあがってきた人々の生きざまを「物語」にして、形式化してしまう問題点です。佐野さんが「ハシシタ」で「恵まれない環境で育ったがゆえにそれを逆バネとした自負からくるエリート実力主義」（「週刊朝日」二〇一二年一〇月二六日号）とバッサリ切り捨てていますが、差別を「物語」として前面に出しすぎる意図が見えます。

安田　もちろん、いまでも差別はあるわけです。それに対する嫌悪と反発、なによりも深刻な「被害」も存在します。しかし、差別される側の人たちにしてみれば、個人個人によってそれぞれ生い立ちが違う。それは当たり前のことでしょう。違いがあるのは当然のことなのに、そこに共通の「物語」を求めてしまったりする。メディアが自戒しなければならないところです。それこそ藤井さんが言うように、生きざまを形式化することで、深刻な被害が見えなくなってしまう。

好きな人間を書くとき、嫌いな人間を書くとき

藤井　「ハシシタ」の冒頭のほうで、辺見庸《へんみよう》さんの「テレビがひり出した汚物である」という言葉を佐野さんは引用している。その言葉を至言のごとく文章のなかに置くことにより、その言葉をモチーフにして書き手が書き進めていくのだなという佐野さんの意図が見えてしまった。橋下さんに対する敵意がむき出しになっている……。それが、僕が「ハシシタ」を一読したときに抱いた違和感だった。

安田　僕も誰かを批判すべきときには、激しい言葉をぶつけることがあります。たとえば差別被害に対して、むき出しの敵意と怒りで応じることは当然です。しかし、ノンフィクションは特定個人の糾弾ビラとは違う。そのことは佐野さん自身が一番よく知っているはずです。

もちろん相手を全肯定する必要もないし、醜悪さを理解する必要もない。だが、嫌いであるならば

なおのこと、出自に意味があるような書き方は避けるべきです。そこは正攻法でいくしかない。「むき出しの敵意」を効果的に生かすためには、むしろ抑制された筆致でじわじわと相手の逃げ場をうばっていくような手法こそ、読み手にとってもわかりやすいし、取材相手だって抗弁できない。
　さらに言えば、好きな人間を書くときこそ、突き放して書くべきだとも思う。距離のとり方はむずかしいのですが。佐野さんは、『あんぽん』のときはがっちり「孫正義《そんまさよし》」を抱きかかえながら、耳もとでごにょごにょとささやくような書き方をしていました。

藤井　あの本では、インターネットに対する悪口みたいなものがちょこちょこ出てきた。

安田　佐野さんは、インターネットにはまるで興味がないし、知らない。原稿用紙以外の世界に興味がないというのは、それはそれでいいと思う。
　最終的に、佐野さんは孫正義さんを大好きなわけで、だから『あんぽん』を書いた。

藤井　孫正義さんをふくめて、彼の父親や一族が歩んできた、それこそ「血と骨」の世界が好きすぎる感じが、あの本では全面展開してました。

安田　「ハシシタ」は、最初から橋下さんを突き放したような言葉を使っていた。僕はあとで取材の内情を知ったのだけど、佐野さん自身の取材ではないところもある。今西憲之《いまにしのりゆき》さんと村岡正浩《むらおかまさひろ》さんという優秀なライターをデータマンで使った。「ハシシタ」の初回には、維新の会のパーティーで阪神タイガースの帽子をかぶった怪しげなオッサンと佐野さんが話すシーンが出てくるけど、あれは佐野さんが会ったのではなく、じつは村岡さんが会ってる。

その会場に佐野さんはいたんだけど、あの会話は村岡さんとオッサンとのものだと聞きました。そのせいか、佐野さんがそのオッサンに迫るような、直接的なやりとりは記述から見えてこなかった。あのオッサン、佐野さんが大好きなタイプの人であることはまちがいない。佐野さん、風貌が異様な奇人怪人が大好きだから。でも、佐野さんの足音が聞こえてこない感じがしたのは、自分で取材していないのが理由かとも思ったんです。

佐野さんにずっとあこがれてきた人間として、僕はそこに不安を感じた。

政治イデオロギー的見方とノンフィクション

安田　橋下徹をテーマにしたことですが、文春や新潮が過去にやってきた「橋下ルポ」とは違う文脈でやるべきだと思ってきた。

じつは、橋下さんについては、まちがった情報がそのまま踏襲されているところがある。たとえば、同業者の角岡伸彦《かどおかのぶひこ》さんの取材によれば、大阪市内の被差別部落に住んでいたという事実は、ないらしい。角岡さんは「取材すれば誰でも簡単にわかることなのに」と不思議がっていた。

藤井　まちがった情報の出所は？

安田　部落解放同盟と敵対してきた共産党系の全解連（全国部落解放運動連合会。現在の全国地域人権運動総連合）からの情報で、それがそのまま信用されて右から左へと使われ、佐野さんもそのままがった情報を共有してしまったと言われています。

藤井　そういえば、関西ローカルのある番組で橋下さんに会ったとき、そのことを聞いてみたら「まちがいだらけだが、とくに訂正要求はせず無視をする」というようなことを言っていました。

安田　部落への「差別」に橋下徹という要素が加わり、そこへイデオロギーや党派間対立が加わっていた。たとえば大阪では、自治労系の組合が橋下の抵抗勢力として当局から弾圧を受けることもあったのだけれど、それに必要な情報が全労連系の資料から引用されていたということも多かったと聞きます。

藤井　社民党と民主党を支持する自治労傘下の大阪市職労などのカラ残業手当てや、公金をわがもののように使ってきた「公務員厚遇」の構造はたしかに、本来は労働者や被差別の側が勝ち取ってきた権益がいつの間にか社会に説明できないブラックなものに変化してしまい、組織の一部が腐っていったという問題です。

反権力だったはずの労働組合が権益団体化していたことはまちがいないし、それらの腐敗の影響で橋下さんや維新の会は彼らから支持を得てきた。でも、その厚遇を受けていたのは社民党系・民進党（当時は社会党・民主党）を支持していた自治労系なんだけど、それを問題視する情報を出したのは共産系の労働団体が多かったし、自民党等の保守系の団体や議員もそうでした。が、結果的に橋下さん人気や、彼が立ち上げた大阪維新の会を勢いづかせることになったわけなので、皮肉な構造だけど。

安田　在特会も解放同盟叩きをするときには共産党系の情報を使ったりする。「しんぶん赤旗」を掲げて差別街宣するような者もいました。「すでに部落差別がないことは共産党だって認めている！」とかね。まあ、共産党にしたらいい迷惑だと思いますが。

藤井　「しんぶん赤旗」なんかだと、原発報道などの調査能力はすごいと思うし、個々の記者の能力も高い。でも、差別問題のような政治イデオロギーが入り込んでくるものになると、攻撃姿勢が同時に出ますね。それはやはり党派性なのかな。

橋下市長の政策こそ論ずるべきだったのではないか

安田　僕は、橋下さんの強引なやり方には反発を覚えているひとりだけど、批判するならば彼の政策こそを批判するべきでしょう。にもかかわらず、佐野さんは「ハシシタ」では政策を論ずる気がなかったと思う。橋下さんの俗人的な部分を批判するのはかまわないけれど、最大の問題はその俗人性から生まれたのかもしれない彼の政策と、ポピュリズムの思想ですよ。

藤井　橋下さん個人に筆が向かってしまった。「血脈」という言葉に橋下さん本人が反応したように、部落差別の問題になり、被差別部落の血は「悪い血」だというような読み方ができてしまう。

善悪が複雑に入り交じった「物語」を佐野さんがつかまえようとしている。それは確かなのだと思う。しかし、先ほど紹介した「ハシシタ」の一節を読むかぎりでは、反差別的なもののなかで作られるエネルギーが歪んだり増長して、橋下さんを作ったというモチーフだったんでしょう。

安田　僕もそう思う。佐野さんとしてはそこに「物語」を見いだしたかったのだろうし、被差別部落を聖域視するような紋切り型の「反差別」に対する物言いもふくまれていたのでしょう。

藤井　佐野さんの『沖縄　誰も書かれたくなかった戦後史』（集英社）のまえがきで、「大江《おおえ》（健三郎《けんざぶろう》）は沖縄県民を一点の汚れもない純粋無垢な聖者のように描き、そうしたなかで自分だけは疚《やま》しさを持つ善良な日本人だと宣言し、ひとり悦に入っている、という小林《こばやし》よしのりの大江批判にはそれなりの説得力がある。沖縄県民を聖者化することは、彼らを愚弄することとほぼ同義だと私は考えている」という一節があるんだけど、冒頭で安田さんが紹介した佐野さんの言葉とつながる。

安田　世間の一部で言われているように、佐野さんが根っからの差別主義者であるかのような見方には同調しません。「ハシシタ」では、佐野さんなりに部落差別問題を取り上げるつもりだったと信じたい。一回で終わってしまったので、真意はわからないけれど……。しかし、結果的に被差別部落への偏見をあおってしまったことは、動かしようのない事実です。

　いずれにしても、「週刊朝日」のいびつな、佐野眞一が書いてくれたというはしゃぎぶりが、リードや誌面から感じられた。あきらかに『あんぽん』を意識した連載のタイトルもふくめて、そう僕は思った。

藤井　同感です。「週刊朝日」がおこなった事後検証の記録を読むと、あの記事を載せることに反対をした人もいたことかわかる。でも、見切り発車の感はいなめない。「物語」の成立を確信し、筆が走りすぎて、連載があのような出だしになったのかなと思います。

安田　佐野さんを使うのであれば、佐野さんがこれまで描いてきた人間の「業《ごう》」とか「欲」、魑魅《ちみ》魍《もう》魎《りょう》うずまくさまざまなものを前面に出して、新しい橋下像を出したかったのだろうと思う。だけど、そのアプローチで進めていくと、一歩まちがえれば部落そのものになにかの意味を持たせてしまうことになる。問題なのは部落ではなく橋下なのだという本筋から、どんどん離れてしまいかねない。

メディアに自分からノンフィクションの書き手として出ていってほしかった

藤井　「ハシシタ」が批判されたあとの、佐野さんの対応について、安田さんはどう思いましたか？

安田　最初に思ったのは、なんですぐに佐野さん自身が反応しなかったのかということ。書き手の責任として、すぐさまレスポンスするべきだと思った。対応は朝日新聞社にまかせているとか、自分が書いたというより取材班が書いたものだという物言いは、どうしても責任転化に見えてしまった。

藤井　佐野さんのこれまでの物言いからすると、真逆なんだよな……。

安田　まったくそうなんだよね。佐野さんは「情」の人で、浪花節《なにわぶし》の人で、親分肌だし。僕は佐野さんの元で働くなかで、細かいミスをたくさんしている。まちがったことをデータ原稿に書いてしまったこともある。けれど、ミスを佐野さんから責められたことは一度もない。俺の名前で書いた以上、俺が責任を取るという矜持《きょうじ》を持っている人だった。だから、今回の対応は「えっ？」と思ってしまった。佐野さんらしくない。

佐野さんは弱気になっているのでしょうか。こういうかたちで叩かれるのは初めてなんだと思うし、予想もしなかったんだと思う。豪快で神経の太い人だと思っていたけれど。

業界内では、かつて盗用や剽窃で叩かれたことはあるけれど、大衆レベルでの批判を引き受けたことはなかった。初めてのことで、どうしてよいのかわからなかったのかもしれない。

藤井 それで対応を投げちゃったのかな。ネット放送もあるから、たとえば佐野さんと橋下さんの双方が応じてから、出ていけばいいと思った。橋下さんが「書いたやつも出てこい」みたいなこと言ってて、そこで議論していれば、すこしは潮目は変わった可能性はあるんじゃないかと思う。

安田 混乱はあったにせよ、以前の佐野さんなら対応が違っていたかもしれません。

藤井 森達也さんや月刊誌「創」の篠田博之《しのだひろゆき》編集長らによる援護射撃があった。謝ったり批判を受け続けながらでも、議論を継続しつつ、連載は続けるべきだ、というのがメディアの大方の意見だったと思う。僕も連載を続けてほしいと思った。

安田 あの「週刊朝日」の発売直後に話したときは、まだ佐野さんは強気だった。僕は、佐野さんがどういう着地点を取るのか興味があったけれど、連載が続けば二〜三回目以降から批判の風向きも変わってくるのではないかと思ってた。すこし期待していました。

佐野さんは、露骨な政治的な圧力、たとえば朝日新聞政治部から圧力があったとかいう話だったら徹底抗戦したと思う。だけど、あれは部落差別だというふうに言われたことで、佐野さんなりの良心が批判に反応することを許さなかったんじゃないかな。

藤井　解放同盟の抗議は、発売から時間がたってからのことで、即座には抗議しませんでした。

安田　当然、解放同盟の関係者も佐野さんの取材には協力しているでしょう。人間出版とか解放出版とかのトップの人たちと佐野さんとは古い付き合いだし、飲み仲間です。そういった身近にいる人々からも批判の矛先を向けられて、佐野さんにとっては痛かったんじゃないか。

藤井　佐野さんは、差別に抗する人間のエネルギーを書くということが、自身の作家としての太い軸になっているはずだから、自分が「差別者」と決めつけられるのがショックだったということ？

安田　僕はそう思います。実際、佐野さんは差別主義者ではないし、どんな理由があるにせよ、差別を肯定してよいとも考えていない。だからこそ、みずからに向けられた「差別者」という指摘に耐えられなかったんだと思う。

ノンフィクションを書くときの紋切り型の「構図」

藤井　話を戻します。ノンフィクションの在り方として、佐野さんの世代やその前の世代の書き手は、犯罪の背景を貧困や差別、地方と都市の格差、戦後の混乱の闇などに収斂《しゅうれん》させ、物語化していくという作風だったと思います。

いま起きている事件も、もちろんそういう背景がゼロではない。でも、なぜその物語化のようなモチーフが生き続けるのか、僕は疑問に感じるところもあります。たとえば、沖縄を語るときも、沖縄対内地（本土）という、どこか二項対立的な構造で描かれることが多いでしょう？

安田　犯罪報道も事件ものも、団塊世代のライターが手掛けてきた作品の多くには、貧困と差別が欠かせない要素として存在した。それは当然だったとも言えるでしょう。時代が、社会が、まさにわかりやすい形で犯罪を作り出してきた。そして、それを描いた作品はおもしろかった。殺す理由や殺される理由のなかに「時代の悲鳴」が響いていた。事件を紐解いていけば、社会の断層が見えてくる。そこからさまざまな物語が生まれていく。

連続殺人犯である永山則夫《ながやまのりお》のような存在が、日本社会の亀裂、分断を映し出した。地方と都会には格差があり、物理的・精神的距離があった。これは、言い方に気をつけなければならないけど、ある意味ではノンフィクションが「書きやすかった」時代なんだったとも思う。そうした背景があると、物語を紡ぎやすい。いまの日本社会では、事件や事象の原因や背景が見えにくくなっています。

佐野さんが書いた『東電ＯＬ殺人事件』（新潮社）に関しては、一流企業のＯＬが渋谷のラブホテル街に立つということを、彼女の出自にさかのぼって検証している。そこにひとつの物語が生まれてくるわけです。

道玄坂《どうげんざか》のラブホテル街を歩いていくなかで、かつて水力発電所建設のため、水の底に沈む予定だった村の存在が浮かび上がってくる。そこは、さすがに佐野さんです。靴底の感触から高度成長という時代に言及する手腕は、僕なんかではまねできない。売春と貧困が簡単に結びつかない時代であっても、取材をとおして「物語」を見つけてくる。

一方、『別海《べっかい》から来た女』（講談社）で「木嶋佳苗《きじまかなえ》」を書いたときに、木嶋と東電ＯＬの女性が重なりすぎていて、作品としてはすべってしまった感が強かった。出会った男女が殺す・殺されるの関係に至る過程がよくわからない。いや、簡単に「わかる」たぐいのものではないのだけれど、強引に「物語」を作ってしまったような気もするんです。

僕はデータマンとして同書に関わりましたが、佐野さんがなにを書きたいのか、正直、よくわからなかった。あの事件からは、心象風景が立ち上がってこなかった。あの事件ではネットが介在した出会いが重要な意味を持つのですが、たぶん、佐野さんはネットのことをよく知らない。

いずれにしても、いまどきは事件ものの取材や執筆は苦労をするよね。そこにはかならずのっぴきならない事情も、情念も、愛憎もあるはずなんだけど、簡単には姿を見せてくれない。

藤井 そう思うな、僕も。僕が犯罪被害者報道に取り組み始めたのは十年ちょっと前で、始めたきっかけのひとつに加害者の「物語」が語られすぎる、それも時代的な必然としての物語として語られすぎることに反発する気持ちもあった。物語性もなにもない事件の被害者や遺族を淡々と取材して、気づいたらそんなテーマで対談本も入れて十冊以上の本を書いてきました。

検察官の起訴状も判決も、明確な「動機」というものが書けていないことが多い。わからないから、書けないいんだよね。ソーシャルネットワークのなかで、子どもたちがどういう人間関係を作っているのか。その関係性のなかで、どのような殺意を募らせていったのか。そういうことを順序立てて書きたいのだけれども、たとえば「キモイと言われて激しい殺意を覚えたのである」なんて整合性の乏しい事件のストーリーは、検事も判事も書きにくい。

もともとは、まともな人間がなんらかのひどい環境に置かれて犯罪を犯す。そんな性善説的な見立てが刑事事件ではなされてきたと思う。けれど、この十数年は脳の気質からくる障害や、精神病質、反社会性人格障害といったことが原因で社会になじめず、コミュニケーションが取れず、問題が生じる場合もあるという見方が、とくに刑事弁護の主張では主流になってきている。

蛇足かもしれないけど、僕が愛知県豊川市主婦殺人事件を取材した『人を殺してみたかった』（双葉文庫）という本を書いたときに、週刊誌で佐野さんも同じネタを取材して書いていた。内容は、二〇〇〇年五月に愛知県豊川市で起きた一七歳の少年による老人殺しなんだけど、動機は「人を殺してみたかった」という不可解なもので、加害少年がアスペルガー症候群だったということや、「殺意」との関連性が初めて大々的に報道された事件だった。

佐野さんは、この事件のポイントは、色の「赤」だと書いていた。その土地のゴミ袋の色や、近くの有名神社の鳥居、少年が事件直後に乗っていた電車の色などが赤だから。心象風景として、そうなんだと。僕は、佐野さんが歩いたところを歩いてみましたが、ちゃんと現場を歩いていない感じがした。電車の色は二種類あって、少年が乗ったのは赤色じゃないほうだったし、あまりに印象や観念に引っ張られ、あまりに「物語」チックに書こうとしているように思えました。

僕は、その事件の取材を続けるなかで、少年が語ったことの書かれた内部資料を入手しました。取材のなかで、当時はほとんど日本には事例がなかったアスペルガー症候群と犯罪との「関係」の可能性について検証しました。さらに、同症候群と犯罪の関係を研究したイギリスの研究論文を翻訳するなどした結果、一冊の本にまとめることができた。

佐野さんのファンのひとりでありながら、同事件について彼の書いたものに違和感を抱えながら自分の取材を進めていたことを、いま初めて語ります。

アンカーマンとデータマンという生産システムの功罪

安田　週刊誌は、あまり取材対象の人間を掘り下げないでしょう。短い記事が多いから、どうしても表面的なものになってしまう。僕が「週刊宝石」（光文社　二〇〇一年に休刊）に入った一九九〇年あたりには、すでに長い尺のものを書ける媒体が減っていた。月刊誌という舞台が提供されるのは一部の著名ライターに限定されていた。
だからこそ余計に、佐野さんにあこがれました。佐野さんのように、事件ではなく人を描いてみたいと願った。砂漠の向こう側に、蜃気楼《しんきろう》のように社会が浮かび上がるような作品を書いてみたいと思った。
藤井　僕も憧れていた。
そういえば、僕が「週刊ポスト」などで仕事していたのは二〇代のときだったけど、たまに出入りしている大御所といえば落合信彦《おちあいのぶひこ》さんでした。僕が小学館で見た彼は、でっかい黒人のボディガードをふたり引きつれていたから、彼には憧れようがなかったけど。

安田　うん、落合信彦に憧れたことは僕もない。ふんだんに取材費が使えるらしいということを聞いて、うらやましくは思ったけれど。

藤井　先ほど述べたように、僕は若いころ、共同通信の大記者の周辺でうろちょろして、その方のデータマンをやっていた人たちに世話になっていた。彼らの手がけた長い記事に関わるためには、新聞記者になって修行すればいいのかと思い、一時は共同通信に入社したいと思ってたから。

安田　取材にカネがふんだんに使えた時代ですね。田原総一郎《たはらそういちろう》さんや立花隆《たちばなたかし》さんの部屋が出版社にあって、データマンたちがそこを根城《ねじろ》にしていたと聞きます。

藤井　僕の「週刊ポスト」時代には、田原総一郎さんが仕切っていた「インサイダー」チームの一員の西城鉄男《さいじょうてつお》さんが「上司」だったこともあり、取材にはカネを惜しまないという空気がありました。僕は、小学館のほかの雑誌でアンカーをやっていて、芸能人の子どもの運動会がどうのこうのというしょぼい記事を書いてた時期もありました。

「スコラ」という雑誌では、「いまの若者たちの生態」みたいな企画が通ったので、取材して書いた。すると、僕の文章がダメだということで生江有二《いくえゆうじ》さんにアンカーとして入ってもらったことがあったんです。彼の『つっぱりトミーの死』（中公新書）は好きだったし、面識もあったので、組めたのは幸運でした。また、彼はできるかぎり取材に同行してくれて、ありがたかった。

あるとき、新宿二丁目の若いゲイたちのことを取材して、データを生江さんにわたした。僕がデータマンで、生江さんはアンカーとして記事を書く役割になっていたんです。そして、刷り上がってきた文章を読んで、「ああ、これは取材に応じてもらった人たちに怒られる」と僕はとっさに思いました。

記事を書いた生江さんに悪意はないと思うんだけど、ちょっとゲイを小バカにしたと取れるような表現があった。僕は、すぐに取材させてもらった若いゲイの子たちに電話して、記事の感想を聞いたらやはりカンカンに怒っていた。「藤井さんを信用して取材に応じたのに、どうして最後まで責任持てないんだ。なぜ、私たちの知らない人が記事を書くのだ」と。

なので、僕はデータマン・アンカーマンシステムを否定はしないけど、それ以降、ぜんぶひとりでやるようになった。

安田　そういうことは、よくありますね。

「書いた本人が現場に行かない取材」を考える

藤井　安田浩一という名刺を持った記者が来たが、文章を実際に書いた佐野眞一には会っていないぞ、というパターンですね。

安田　そうした批判は、僕もなんどか受けています。とはいえ、僕は、データマン・アンカーマンシステムを全否定はしません。

他方、「週刊ポスト」で「孤独の研究　中森明菜とその時代」を連載（二〇一三年七月から一〇月にかけて、全一〇回）したけど、全部ひとりでやっていて、データマンは使ってないんですよね。編集者は、ときどき取材に付いてきてくれたり、アポ取りをしてくれたりするけど、手伝ってくれるのはその程度です。

データマンを付ける話も最初はあったけど、躊躇しました。結局、後悔したくなくて、自分だけでやることにしたのです。

藤井　後悔とは？

安田　データがおもしろくなかったり、「取材できませんでした」とデータマンから言われたときに……。そういうときは、たいてい僕が行っても取れないのだけど、もしかしたら僕ならば取材できたかもしれないって思うし。取材を断られる風景もふくめて、自分の目に焼き付けておきたかったとか、あとで思いたくない。そういう後悔のことです。

自分で取材してないものを、書く自信もない。怖いんです。どうせ後悔するなら、「自分でやってもダメだった」というのがいい。

藤井　まったく同感です。

安田　取材では、自分が取材対象に会ってみたいし、自分の目でその人やその風景を見てみたい。だから、データマンのせいにするなど、後悔したくない。取材の道すがらの光景をふくめて、記憶したい。そうしないと書ける気がしない。

まあ、いまはデータマンを付けるのは予算的にむずかしいということもあります。というか、そんなことを頼める人が思いつかない。藤井さんが誰かと組むとして、信頼できるデータマンとかいますか？

藤井　すぐには思いつかない。インターネットや図書館で資料や文献を検索するときに、お願いしている人が二人か三人はいます。僕は、そういうのが本当に苦手なので、その道の達人級の人にお願いしてる。

ノンフィクションを書くときの「表現の自由」を考える

藤井　かつての共同通信では、かなりの人数の記者をデータマンとして使い、相当量の取材をさせているのに、本にまとまるときはアンカーの有名記者だけの名前が出る。だから、文句を言っていた若手記者もいたみたい。その気持ちはわからなくもない。でも、チーム取材ならではの人海戦術で本当によく取材がされていました。

安田　佐野さんも膨大な資料を読み込んで、資料そのものよりもおもしろく書く。自分で取材に行ってなくても、それなりにおもしろく書いてしまう。データマンの僕は風景や表情を書いて、佐野さんに持っていく。でも、それ以上にリアリティある風景が描かれる。ドアをノックして、相手が顔を出すシーンとかを佐野さんに書かせると、まさに「文芸」だなと思わされる。

藤井　佐野さんは「ノンフィクションは豊かな文芸だ」というふうにあちこちで言ってる。わかる気持ちもあるけれど、同時に違和感もある。

安田　僕は、ノンフィクションを文芸だという話には、全面的に肯定できないところがある。佐野さんの作品は、読んでおもしろいし、いまでもファンであることは変わりないけど、「文芸」だという物言いをされたときに、どうしても違和感が付いてまわる。

藤井　以前、左派系の同業の人たちが、反権力的な要素を必ずしも前面に押し出していないノンフィクションを、作品性だけしかない「作品主義」だと批判していた時期があった。アメリカから入ってきたニュージャーナリズムというジャンルも、客観性がなさすぎると批判していた。反権力性がなく、物語を仕立てただけだ、とも言われた。さらには、ノンフィクションという言い方もダメで、ルポルタージュと言え、と。なんでもいいじゃないかと思って、僕自身は先達方の議論を横目で見てたけど。

そう言えば吉田司《よしだつかさ》さんは、「アームチェアノンフィクション」という言い方をしてた。現場百回、地を這うような鎌田慧《かまたさとし》さんのスタイルというか、そういう手法だけに固執するのではなくて、もっと自由でよいのではないか、と。つまり、手法としては、座ったままでも書けるノンフィクションがあってもいいと言うわけです。

安田　佐野さんも一種の作品主義だと言えるとは思うし、だからこそ「文芸」という言い方をするのでしょう。そして、彼の手法は、政治的で無味乾燥なノンフィクションに対するアンチテーゼだとも思う。

佐野さんはもともと、糾弾主義的なロジック、新左翼的な物言い、教条主義的で説教臭いノンフィクションを嫌っていました。それは、同世代の同業者に対する挑発でもあり、佐野さんの自戒もあるのだと思う。けれど、「文芸」であるからこそファクトよりも想像力、いや、物語性が優先されて、結果的に「ハシシタ」のような失敗をしてしまったのかもしれません。

ノンフィクションと「自由な文芸」との狭間で

藤井 亡くなる一年ぐらい前に佐木隆三《さきりゅうぞう》さんを門司《もじ》のご自宅まで訪ねて行ったとき――初対面ではなかったのですが――いきなり、「森達也と君は友だちらしいな」と怪訝な顔をされた。そして、森は麻原裁判に一度しか来ていないのに本を書いているのがけしからん、だから森は信用できないと言う。ノンフィクションを資料と主観だけで書くのはダメなんだ、と。

でも、佐木さんの作品の多くはノンフィクションノベルのような、小説だと明確に銘打っていない作品も、かなり有名な実話が元になっています。佐木さんは、初期の頃はノンフィクションだったけれど、途中から路線変更して売れた。彼のなかでノンフィクションの定義について譲れない一線があったのでしょうか。

やはり亡くなった山崎豊子《やまざきとよこ》さんも、剽窃しているとずいぶん言われてきた。ノンフィクションをめぐっては、そういう問題がつねについてまわる。

僕は、ノンフィクションは「自由」であっていいと思う。でも、やはりノンフィクションという以上、一定のルールや倫理観、手かせ足かせは当然あるべきだとも思う。佐野さんは、実話を元にした佐木さんの小説の展開がくだらんみたいなことを、どこかで書いていた。けれど、小説とはいえ、どこまで事実を作りかえたり「おもしろく」していいのか。今回の佐野さんの剽窃が提起した問題を考えるときには、そうしたことにも及んで議論をしたほうがいいと思う。

まあ、かくいう僕もどこか告発スタイルから抜け出せずに、ずっと悩んでいます。もっと言うと、どこかに軸足を置いて書かなきゃだめだっていう自縛がありますね。

安田 僕は、いまでも告発型から抜け出せない部分があります。ものを書くときに、やはり、強者の側には付きたくないし、体制擁護もしたくない。どっちの方角に足を向けてものを書くのか、ということはつねに意識してしまう。それだけにおもしろみに欠けるノンフィクションを書いてきたような気もします。やはり「読ませる」努力があってこそのプロのライターだと思う。

おそらくイデオロギーから抜け出せないノンフィクションのつまらなさに対峙させる意味で、佐野さんの言う「文芸」的なノンフィクションが出てきたのだと思う。そして、どっちがおもしろいかと言えば、後者になってしまう。

藤井 前者は予定調和というか、どこに軸足があるかがすぐに見えちゃう。もちろん誰も掘り出してない事実を報告するだけでも、おもしろみは十分にあると言えるのだけど。

安田 僕らは事実を取材することで生きていて、事実を生かすことは重要だけど、事実を作りかえることは許されない。ぎりぎりの倫理観がないと、ノンフィクションの書き手を名乗ることはできないと思う。

藤井　森達也さんがよく言っていることですが、事実事実と言うけれど、事実を切り取る眼にはすでに視点という編集がはいってしまっている、と。万人が見て、同じ事実はないというのはわかる。あるいは、書き手が事実より前に出るのか、うしろにひっこむのか。スタイルによって、そのあたりのとらえ方は違うとも思うし。

安田　それにしても、誘惑ってあるよね。サッカーの試合で、こっそり手を使いたくなるような誘惑。藤井さんもあるでしょう？

　劇的な展開を促すような言葉や風景が取材で得られることなんて、そうそうあるわけではない。期待して会った人が、つまらなかったり、闇を求めて訪ねてみたら、からっと晴れわたったすかすかの場所だったり。書き手にとって都合のよい展開が約束されているわけじゃない。そんなときに想像力を発揮したくなってしまう。

藤井　「こうなればいいのに」とか「こんな証言をしてくれる人がいればいいのに」とは、しょっちゅう思う。話を聞きたい人がすぐそこにいることがわかっていて、直に会えないことも多い。

　野村進《のむらすすむ》さんが石井好太《いしいこうた》さんの作品を評価しないのは、極貧の第三世界に行って、旅人がいきなり地元のスラム街の子どもに深い話など聞けるはずがない、というもの。野村さんからすると、深い話を聞くまでのプロセスが感じられない、ということだと思うけど……。

　これはむずかしい問題だと思う。僕もいま沖縄の売買春について、アメリカ時代の戦後史やどういう人々がうごめいていたかを取材して書いているけど、アンダーグラウンドの人々なのでほとんど実名を出せないし、逡巡しています。

安田　ネットで名前が勝手に独り歩きしてしまう時代。実名を出すことがますますむずかしくなっている。それだけに取材の信ぴょう性がつねに問われる。

佐野眞一さんの剽窃問題を考える

安田　佐野さんの剽窃問題は、本当は業界全体が問われている問題なのだと思う。だから、僕は佐野さんの属人的な問題にすり替えようとする、いわゆる「佐野バッシング」の流れに加わりたくはなかった。とはいえ、見過ごすことも、沈黙することもできない。僕自身が問われていることでもある。だから、佐野さんを批判するために作られた宝島社のムック本の「座談会」にはあえて参加しました。データマン・アンカーマンシステムの弊害もあるけど、やっぱりノンフィクションの世界で書き手のことを「先生」とか言っちゃいけない。佐野さんは、「先生」に仕立て上げられてしまっていると思う。ノンフィクションは、自分で取材できなくなったら終わりだと思うし、取材できなくなったら違う肩書にしたほうがいい。

なにより、「先生」の書くものの絶対性がもてはやされると、検証をする人がいなくなってしまう。

藤井　ちなみに、佐野さんは事前に膨大な資料を読み込むタイプですよね？

安田　その能力はすごい。どんな小さなネタであっても、ダンボール箱にいっぱいの資料をそろえて、徹底的に読みこなす。僕なんか、資料読んでいるとあきちゃうのに、佐野さんは一言一句漏らさず頭のなかに叩き込んでいく。半端ない記憶力を持っているので、そのおかげで執筆時に元の資料の文脈が「生きて」しまう。ですから佐野さんにしてみれば「書き写し」ている意識はないと思うんです。

佐野さんは学生時代に映画をやっていたから、事前に資料を読み込むことで脚本をしっかりさせるというか、登場人物の役割をしっかり作りこむ癖があるんだと思う。人をどうしたら魅力的に動かせるのかを、資料を読み込むなかで考えている。

顔が見えないネトウヨの顔をみたい　アナログな取材手法の意味

藤井　安田さんは、差別団体の在特会を真正面から世に問うた『ネットと愛国』の印象が強いから、闘うライターというイメージがあると思う。あの連中のことは、僕らの同業者でも、当時は安田さんしか書かなかった。というか、書けなかったというのが実情でしょう。すごいと思う。ツイッターで自分の携帯番号まで公開して、ネトウヨの連中に「連絡して来い」って言ってるし、ねちねちからまれるのにもこまめに、かつ冷静にリプライしてる。そして、彼らの自宅まで行く。

安田　『ネットと愛国』というタイトルを付けたから、インターネットにくわしくて、通じた人間だと思われている。でも、その実態はまったくのアナログ人間です。

藤井　僕も完全なアナログですね。それなりに努力をしているつもりですし、ネットの媒体でも書いていますが、苦手なことは変わらない。ネットのコミュニケーションはどちらかというと嫌いかな。

安田　だからこそ、相手の「顔」が見えないネットに対して、すごくいらだちを覚えたんです。差別者に対して憤っただけでなく、単純にネットでヘイトスピーチをしているような人について、「こいつ誰だよ？」「どこにいきゃ会えるんだよ？」という思いがありました。たまたまネトウヨがネットから飛び出て、街頭に姿を現したからこそ取材ができたというところもある。

ネットの匿名の世界を書くむずかしさは、いまも感じています。見えない世界にはひどい人がいっぱいいるわけですが、本当にそいつがひどい人なのか、娯楽でひどいことやってるのか、なにかの情報戦略として作り上げられた虚像なのか、まったくわからなかった。

だから、ネット上の「存在」を信用していなかった。ネットに書き込みをしている人の顔を見るまでは、文章で取り上げたくないというのが取材の原則だった。それまで「ネットの人」が素性を明かされたりすることはめったになかったんです。向こうも生身の人間が訪ねてくるなんて思ってもいない。だからこそ取材が嫌がられるのは当然で、さまざまなハレーションは付きものだった。その部分が新鮮に映ったのかもしれません。

闘うつもりで書いているわけではない

安田　藤井さんが僕のことを「闘う」と言ったのは、ちょっとスルーしたくて。怒りはつねに抱えていたし、醜悪な差別者をやりこめたいという気持ちもあった。いまでもそれはある。しかし「闘う」と表現できるほどにかっこよかったわけではないし、当初はやはり「やつらは何者なのか」という興味と関心が勝っていた。

取材を始めたばかりのころは刀をぶんぶんふりまわして、差別者の群れに突っ込んでいくようなヒロイズムに酔ったこともあったし、誰もやらなかったから、俺がひとりで醜悪な団体に乗り込んでいるという気負いもあった。

けれど、僕の刀の切れ味は、すごく悪かったんです。理論武装できていなかったこともあったけれど、刀を振り上げてみたら相手が弱そうな人だったり、アタマでっかちだけの人のよさそうな相手だったり……。いろいろな葛藤が生まれてきて、刀の切れ味が悪くなり、それがノンフィクション作品になったのが『ネットと愛国』です。

ですから当然、批判もある。きちんと差別に向き合っていないとか、彼ら彼女たちを社会的に認知させた以外の役割があったのかとか。それから日本人というマジョリティからしかアプローチできていないとか、いろいろあるわけです。そのすべてを僕は受け入れます。

その痛みにどう向き合うかが次のテーマだと思ってます。

藤井　そもそも「実在」しているかどうか、わからない人がたくさんいますね。最近はヘイトデモに「常連」が出てきていて、反ヘイトのグループからは特定されていますけれど。

安田　会いに出かけると、相手は逃げる。ネットのなかでしか生きられない人々や、リアルに耐えられない人々。そうした人々を現実社会に引きずり出してみたかった。

藤井　ヘイトスピーチにさらされる側は、生存を脅かされる気持ちになります。実際に、ヘイトスピーチが原因の事件も起きている。在特会らは、ネットのなかの言説をそのまま街頭でも繰り返す。そういう連中には、いま言ったような安田さんの取材方法が効き目ありということかな。

安田　ヘイトスピーチの抑制に効果があったかどうかはわからないけれど、現実を直視させたいという気持ちはあった。こっちは古典的かつ原則的なノンフィクションの取材手法でいく。最初のアプローチはネットでいいかもしれないけど、最終的には本人と直接、向き合いたい。

彼ら彼女らに、「ものを調べるということは、こういうことだよ」と見せたいと思っていた。上から目線に思われるかもしれませんが。君たちがやっているのは「調査」でも「告発」でもなんでもない。トイレの落書きと同じことをしているだけなんだ、と。実際に調べて、人と会って、現場に行って、ものを書いて発表するということは、こういうことだと伝えたいんです。

安田が家まで来て、嫌な思いをした。ピンポンされて、ドアを開けられた。そんなことがネットに書かれるのは、まあ、仕方ない。それが取材というものですからね。

藤井　ヘイトスピーチの問題に限らず、ジャーナリズムであれ、ノンフィクションであれ、書き手や取材者の身体性を感じられるノンフィクションを書くためには、現場に行って、生身の人間と出合うしかないわけです。いまの取材手法――とくに規模の大きな調査報道的なものでは――にはデジタル技術も有効に使いながら、そういった「私戦」を続けていくしかない。取材対象と、己自身とも心身を激しく消耗するまで向き合う私戦。

安田　ノンフィクションの書き手は、いろいろな意味でたいへんな時代を生きているよね。発表できる紙媒体は減る一方だし、取材費の確保にも苦労する。自腹を切って取材に駆けまわることも少なくない。廃業する同業者があとを絶たないのも当然です。僕も金の面ではつねに不安を抱えている。それに、僕は本当に人間が怖いし、話をするのも苦手です。臆病で卑屈な人間です。

それでもやはり、取材は楽しい。知ること、発見することの楽しさがあるからこそ、どんなに割の合わない商売であっても、ライターを続けている。取材現場で感じる不安や葛藤も記録として残しておきたい。

藤井　僕も「これは取材だ」と自分に課さないと、もともと積極的に人に会いに行かない体質なので、安田さんと似てるかもしれません。僕には、見聞きしたことを記録したいと思う「記録衝動」があるんだけど、コレクターのそれに近い、とっても個人的な感覚かもしれない。正義感とか社会性というより、できうる限り縦横に深い情報を集めて、残したいという気持ちでしょうか。

自分の発した言葉は自分に跳ね返ってくることを伝えたい

藤井　ツイッターでもなんでも、ネットで発言するということは、ネットとリアルとを切り結ぶことにつながると思う。けれど、彼らのヘイトスピーチはスカスカで、空洞化していて、切り結ばれていない。彼らの言葉が、そのまま彼ら自身の精神をあらわしてる。

安田　言葉の重みとか、言葉を発したときには跳ね返ってくるものがあることを、彼らに知ってほしいという思いがある。

彼らの「マスゴミ」批判を読むと、メディアに対する信頼がまったくないことがわかる。メディアは本当のことを書かない、嘘ばかりだ、という。そのとおりだと頷ける部分もあるのだけれど、ならば、君たちがしていることはなんなんだと問い返したいんですね。デマをまきちらし、差別と偏見をあおっている君たちこそ、愛国者でもなんでもないじゃないかと。

だから、足音を響かせ、相手に食らいついていくジャーナリズムもあるのだと見せつけたい。匿名性に逃げ込んでもムダなのだとわからせたい。

藤井　肝に銘じたいな。ネットの世界の「表現の自由」に慣れてしまうと、それがわからなくなる。ある被害者が亡くなった事件——具体名は避けますが——の遺族から聞いたのですが、ネットで「殺されて当然だ」「遺族も言い過ぎだ」みたいな書き込みがあまりにもひどいので、弁護士に依頼して法的手続きを経て相手をつきとめたら、なんと高校生だった。名誉棄損の民事訴訟を起こして、高校生の保護者は高額な賠償金を支払う命令を裁判所から受けたのですが、ネットで匿名でやっていると、そういうリアリティがないのは当たり前なのかもしれません。ネトウヨだけでなく、「弱者叩き」のデマを作っておもしろがっている連中はとくにそうでしょうね。

安田　いわゆる「ネット私刑」ですね。私刑の参加者は、相手を追い詰めること自体が娯楽となっている。誰かを傷つけているのだという自覚がない。面と向かって言えないことは、ネットでも同じなのだという感覚がない。そうした空気に満ちているいまだからこそ、リアルな対面にこだわるノンフィクションには意味がある。

藤井　取材手法でいう「直当たり」。僕が月刊誌「潮」で連載してきた愛知県で起きたある死体遺棄事件――傷害致死では嫌疑不十分で不起訴――の加害者の居場所がずっと割れなかった。地元のマスコミも割ることができなかったんだけど、長く追跡していたおかげでいろいろな加害者へのルートができて、割ることができたんです。それで加害者の出所後に居所を訪ねました。

とうぜん相手とモメましたが、そういう直当たり取材は避けられる方向にありますよね。たとえばその服役後の直当たりの場合は、懲役を終え、市民権を取り戻して社会生活を平穏に送る権利があるから、取材は不当であると抗議を受けるリスクが高いです。じっさい僕も、その取材のあとに加害者の代理人弁護士から強い抗議をされました。

僕はその加害者の親戚縁者も取材をしましたが、とにかく周辺を嗅ぎまわるなということです。こちらには取材する権利があるし、向こうには生活権やプライバシー侵害等の理由で不当だという権利もある。このケースに限らず、直当たりをふくめた取材というのは、かならず、する側とされる側の衝突が起きます。される側からしたら、僕らはストーカー扱いですから。
それぞれに言い分があるなかで、ケースごとに考えていくしかないと思いますが、直当たりは取材の基本の「き」だと考えています。安田さんや僕は下世話な週刊誌出身だから、当たり前になってると思うけど。

安田　現場に出向かず、対象者に合うこともなく、事件を報じることなんてできるわけがない。書けてしまうことのほうがおかしい。そんな書き手も少なくないけれど。僕は「直当たり」するたびに「ストーカー」だのなんだのとネットで批判される。じゃあ、現場を見ずして勝手に書いてよいのか、相手の言い分も聞かずにこちらの主張だけで記事を作ってもよいのか。
相手の表情、容貌、におい、そして背景のカーテンの色まで僕らは記録します。そうすることで事件の風景を描いていく。それがノンフィクションライターの仕事だと思うんです。

藤井　ところで、安田さんのヘイトスピーチの取材は沖縄まで広がった。それは「沖縄ヘイト」ともいえる言説がやはりネットから一気に広がったからですよね。
僕は沖縄に十数年前から仕事場をかまえていますが、米軍基地問題でもともと反ヤマト感情はとくに年長者には根強くあると感じていました。ネトウヨ的な沖縄差別が出てきたことで、世代に関係なく、反ヤマト感情が増してきている印象も受けます。

きっかけとなったのは作家の百田尚樹《ひゃくたなおき》氏の、沖縄の新聞は偏向しているからつぶしてしまえ、という自民党の勉強会での発言からです。どうして沖縄にヘイトが向いていったのかということもふくめて、安田さんの意見を聞かせてください。

安田　それまで僕が取材してきた差別問題と沖縄とは「地続き」だと思うのです。たとえば二〇一三年一月に、オスプレイ配備反対を掲げて、沖縄県の首長たちが都心をデモ行進したことがありました。その際、街頭で待ちかまえた在特会のメンバーなどが、デモ隊に向けて「非国民」「売国奴《ばいこくど》」などと集団で罵声をぶつけたんです。

これはあからさまな「沖縄差別」の風景でもあった。つまり差別者にとっての沖縄は、「在日」と同じ、憎悪の記号でしかない。百田氏もそうでしょうが、沖縄というだけで偏見のスイッチが入ってしまうのだと思う。

ちなみに、そのとき、デモ隊の先頭に立っていたのは、当時那覇市長だった翁長雄志《おながたけし》さん（現沖縄県知事）です。翁長さんはのちに記者会見でこう述べています。「デモ隊に向けて罵声を飛ばす人々以上に腹が立ったのは、素知らぬ顔でその場を歩いている普通の都民の姿だった」。

沖縄県民がどれほど憎悪の対象となり、バッシングされても、人々はわずかの関心すら向けない。無関心は、結局、差別に加担することにもなるのではないか。翁長さんのいらだちは、そこにあったのだと思います。

藤井　こんな経験をしました。信頼している旧知のディレクターに頼まれて、インターネットテレビの某番組に那覇から中継で急遽、出演したことがあります。テーマは沖縄でのオスプレイの空中給油再開で、生放送。僕がしゃべるコーナーの前に、辺野古《へのこ》などをまわって抗議活動をしている人々を数時間だけ取材してきたという若いレポーターと、スタジオのタレントさんらのトークのなかで、「県外からも来ている方が多いです。抗議活動をしている人たちは非暴力だと言っています」、「そうですか、では暴力的な方々もいるということなんでしょうかね」「では、今日のゲスト（藤井）の方につなぎましょう」みたいな、一言一句は正確ではないけど、こんなやりとりがあった。

一瞬、耳を疑いました。そして、番組に抗議することに切り換えました。抗議活動をしている人々に対峙する警察や機動隊は何百人といて、圧倒的な暴力の非対称性がある。そんな「当たり前」のことを、あなたたちはわかってしゃべっているのか。そのなかで人々は暴力的にひっこぬかれ、「土人《どじん》」という差別発言を警察官から受けたのだ。そういう暴力の圧倒的な非対称性を前提にしたうえでないと、それがネットでデマになり、沖縄ヘイトにつながる。そういうことを踏まえない軽々しい発言を、あなたたち有名人やタレントがメディアでするのはいかがなものか。それじゃあ、大阪府の松井一郎《まついいちろう》知事と同じじゃないか……。こちらも一言一句、正確じゃないけど、そんなことをデカい声でしゃべり続けました。スタジオに「悪意」はなかったと思いたいのだけど、確実に沖縄のヘイトデマと連結していきますよね。僕には二度と出演オファーが来ないだろうなあ。

安田　僕も似たような経験があります。あるテレビ局から「土人発言」に関するコメントを求められ、電話出演したときのことです。僕は「土人発言」は機動隊個人の属人性で片付けるべきものではなく、日本社会が抱えている「沖縄差別」の典型例としてとらえるべきだと話したんです。

実際、「土人」扱いされた歴史があるわけですよ。一九〇三年の大阪万博ではアイヌや台湾《たいわん》少数民族などとともに、沖縄人は「七種の土人」のひとつとして扱われ、「人類館」と名付けられた見世物小屋で生身のままに展示された。そしていまも、政府に物を言うだけで、同じ日本人の側から「非国民」「売国奴」だと罵声を飛ばされる。こんな理不尽なことはない。

しかも、たかだか日本の国土の〇・六パーセントの面積しかない沖縄に、在日米軍専用施設の七割以上が集中している。これは差別以外のなにものでもありません。

ところが、そうした説明を終えたところ、スタジオ側から「沖縄差別なんてないですよ」という言葉が返ってきたんです。「本土の人は沖縄の海が好きだし、沖縄料理も好きだし、沖縄の音楽も好んで聞く人ばかり。どこにも差別や偏見はない」と。

もちろん、そこにも「悪意」はなかったと思う。というか、そう信じたい。しかしそれは、焼き肉が好きなんだから「在日差別」は存在しないと主張することと同じです。「差別はない」と言い切ることで、沖縄の現状を結果的に容認してしまっている。それはいまのメディアにうっすらと浸透している空気なのかもしれません。

そこにはやはり、「現場」を見ずして語ってしまう「手抜き」の構造があるのだと思う。人間の息遣いが感じられない「報道」は、ネットの書き込みと同類です。そこに抗うことで、僕はノンフィクションの底力を発揮したい。

（おわり）

私が影響を受けた一〇作品

大江志乃夫著『凩の時』（ちくま学芸文庫）
小林峻一・鈴木隆一著『スパイM』（文春文庫）
松下竜一著『砦に拠る』（ちくま文庫）
毎日新聞社会部著『破滅——梅川昭美の三十年』（幻冬舎アウトロー文庫）
佐野眞一著『甘粕正彦——乱心の曠野』（新潮文庫）
洪世和著・米津篤八訳『コレアン・ドライバーは、パリで眠らない』（みすず書房）
関川夏央著『ソウルの練習問題』（集英社文庫）
本田靖春『私戦』（河出文庫）
山口百恵著『蒼い時』（集英社文庫）
鎌田慧著『自動車絶望工場』（講談社文庫）

尹雄大

セッションのようなインタビューは可能なのか

藤井誠二

尹雄大（ユン・ウンデ）

一九七〇年、神戸生まれ。テレビ番組制作会社、出版社を経てライターに。インタビュー原稿やルポルタージュを主に手がける。一〇代で陽明学の「知行合一」の考えに触れ、心と体の一致をさぐるために柔道や空手、キックボクシングを始める。一九九九年、武術研究家の甲野善紀氏に出会い、松聲館に入門。二〇〇三年、光岡英稔氏に出会い、韓氏意拳を学び始める。主な著書に『体の知性を取り戻す』（講談社現代新書）、『やわらかな言葉と体のレッスン』（春秋社）、『増補新版 FLOW 韓氏意拳の哲学』（晶文社）など。

「プリセッション」とはなんだろうか

藤井　ノンフィクションを書くにあたって、インタビューは取材の一行為だけど、核となる行為でもあります。喫茶店などで相手と向かい合ってするものもあれば、ドア越しに少し話すだけというもの、また対談みたいなものもあります。

尹雄大さんは、ブログで「プリセッション・ジャーナル」というインタビュー論を書いています。そこで、「プリセッションとは、ときに計画的偶然性とも訳される。それは蜜を求めるハチによって受粉が行われるような、意図せざるところで起る幸い。計画されたかのような偶発的な出来事をいう。(中略) 人と人との出会いもまた同じだと想う。予測できなかった者同士の巡り合わせは意図せざる何かを生み出す。このコーナーでは、世界の実りとにぎわいについて考察している人、実践している人との語りを通じ、見たことのない景色を現出させたい。語られた言葉がプリセッションをもたらすものであればと思う」と説明してます。

インタビューや取材は、一期一会のことが多いのだけど、そのときどきで豊穣な言葉のやりとりが生まれたらいいと、僕も思っています。そして、雄大さんの「プリセッション・ジャーナル」の巻頭文を読むと、インタビュアーとインタビューイとの、関係性や「間《ま》」のようなものがすごく影響しているのだなと思わされます。

尹　最初は対談にしようと思っていても、どうしてもインタビューになってしまいます。やはり僕は相手の魅力を引き出すための黒子になるのが好きなようです。

たとえば、ロングインタビューを看板にしている「ロッキング・オン・ジャパン」（ロッキング・オン）という音楽誌があります。「わかる、わかる、その感じ」というふうに、インタビュアーが相手に調子を合わせていきますよね。ああいう関わり方や同意に終始する合いの手がうまくできないんです。

藤井　ミュージシャンのインタビューって、聞く側と聞かれる側が互いの領域のなかだけでわかるノリで話しているところが散見できて、僕はあまり好きじゃない。インタビュアーは相手を持ち上げるだけ、みたいな。これは僕の偏見もあるけど、音楽系雑誌の芸能人へのインタビューにありがちな、「久々にバンドのメンバーが集まって音を出したら、いい音が出たからやってみました」的な話とか、ファンへのメッセージを問われて「感動してほしい」程度のことしか聞き出せないような、ただの太鼓持ち宣伝インタビューは読み物としてなんのおもしろみもない。

尹　僕は、話上手ではありませんし、どうせ太鼓持ちをしようとしてもうまくできやしません。じっと聞いて、相手の話の芯に光を当てることに専念してます。

以前は、そういうスタイルでいいのか自信が持てなくて、違ったことをしたほうがいいのかと思ったこともあります。試しにと、週刊誌の記者をしたことがあります。案の定、うまくできませんでした。というのは、週刊誌の記者といえば、不祥事や醜聞の取材が多いですから、当然ながら当事者にとって聞かれたくないことを訊ねなければならないわけです。それがすごく苦痛でした。

僕は相手が本当に言いたいこと、言いたいけれどうまく言えないといった、胸の内を聞くほうが好きです。そのためには、自分の気配を消して、聞く側に徹するようなスタイルのほうが向いていると思っています。


藤井　僕が非常勤講師として教えている大学のゼミで、佐野眞一さんが三國連太郎《みくにれんたろう》さんのことを書いたノンフィクション『怪優伝』（講談社）を使った。あの本は三國さんに自選で主演作を十本選ばせて、それを佐野さんが三國さんといっしょに観ながらインタビューしていくという構成なんです。僕は学生と一緒に映画を全部観て、佐野さんがどのようにインタビューしていったか、そのインタビューをするためにどのような準備をしたのか、などを追体験する授業をやりました。

準備がめんどうくさい授業だったけれど、勉強になった。佐野さんの三國さんに対する愛もよくわかった。なによりもわかったのは、三國さんのような「しゃべらない」芸能人にどう語らせるかという手法でした。三國さんのようなタイプの方には、自身の作品を「追体験」してもらうというか、インタビュアーと「同体験」していくというか、そういった方法がいちばん向いている。映画しか興味がない方だったようだから、映画にその人のすべてが詰まっている。だから、あるシーンをどう撮ったかとか、どういう演技をしたのかという話から、どんどん話が当時の時代へ広がり、なんだか自動翻訳機みたいに三國さんが雄弁になっていく。ちょっとお酒も入ってね。

誰にでもこういうやり方が適するとは思わないけど、「もの」を介するというのも大事な方法のひとつです。やはり佐野さんが孫正義さんにインタビューしているときも、孫さんが幼少期を過ごした佐賀県の鳥栖《とす》のコリアン集落の地図を探して持っていったら、どんどん孫さんがしゃべり出した。インタビュアーが言葉を使ってなにかを質問していくより、インタビューイの記憶に関する「もの」を介することによって、自然でテンポのいい会話を生んでくれる可能性を考えています。きっとプリセッション的なインタビューになったんだろう、と作品から推測します。

尹　言葉を媒介にして記憶をさかのぼると、事実確認といった平板なやり取りに陥ってしまうこともあります。あるいは、たとえ濃密な体験を持った人でも、エピソードの豊富さに引きずられてしまい、本人にとって語りやすいストーリーを話すことになってしまうことも多い。

広島と長崎で二回被曝した山口彊《やまぐちつよし》さんにインタビューした際、佐野さんが孫さんにとったアプローチと同じ手法をとりました。壮絶な体験をされているだけに、とにかく思いの丈《たけ》を打ち明けたい気持ちでお話をされていました。その思いをもっと具体的な体験から掘り起こすには、原爆が落ちるまでの平生《へいぜい》の街や人の暮らしが山口さんの目にはどう映ったのかを知らなくてはいけない。そう考えて、広島と長崎の地図を用意し、当時勤務されていた造船所や会社、寮のあった地域、買い物に出かけていた場所などに付箋を貼って、ひとつひとつの思い出を聞いて行きました。すると、行きつけの店や甘いものが欲しくて街をさまよったとか、そういう身体を伴う動きが見えてきました。体験がより立体的になるんですよね。

インタビューしたいと思わせる「ほかに類例がない人」

尹　インタビューしたい相手は当然ながら、僕なりにおもしろいと思う人です。共通して言えるのは、記録した音声データを再生するように話すような人ではなく、話しながらおもしろさを語る文法をなんとか組み立てようと模索している人ですね。ほかに参照するような事例がないことを、なんとか話そうとする。そういう熱量の高い話は、うかつに「このジャンルに当てはまるな」と分類することを許しません。

たとえば、近年会ったなかでダントツにおもしろかったのが坂口恭平《さかぐちきょうへい》さん。建てない建築家であり歌手であり作家であり、何者であると説明がつけにくい。強いていえば平賀源内《ひらがげんない》とか宮崎滔天《みやざきとうてん》みたいな人です。

当初、彼はホームレスの作ったダンボールハウスの写真を撮ったりしているから、ホームレス研究をしている人だと思われていたんです。でも、彼はそういうことには興味がない。というのも、彼にとってホームレスは、「市民生活」からの落伍者《らくごしゃ》ではなく、都市で狩猟採集生活をしている人だったからです。

彼はそのことを「発見」した。会社と家を行き来する人にとっては、路上生活者は社会から逸脱した人にしか見えないわけです。でも、坂口さんが「都市型狩猟採集生活」というなぞらえ、つまり

「見立て」を現実にグッと差し込んだ瞬間、普通の常識がグラグラし始める。現実を溶解させるような見立ての力の強い人に、僕は魅力を感じます。

しかも、それが独善的だったり排他的ではなく、いろいろな人たちが入れる広さを持っている。「これは俺のアイデアだから邪魔するな」ではなく、いろいろな人がアイデアを持ち寄ったり、それを利用して独自のものの見方を作っていける。抽象的な言い方になってしまいますが。

独自性を持つと自分のテリトリーを守りたがる傾向があります。しかし、坂口さんはそれをせずに次々とバージョンアップして、脱皮していくようなドライブ感がある。彼の著作を読んでそう感じたので、インタビューをしたいと思いました。

あとは独立研究者の森田真生《もりたまさお》さんですね。以前、「アエラ」（朝日新聞出版）の「現代の肖像」で取り上げた古武術家の甲野善紀《こうのよしのり》さんから「おもしろい人がいる」と紹介されたんです。彼の話す数学は、「一は一ではなく、一に近い一がある」といった、僕らが学校で習ってきたものとまったく違っていて、しかも生き方の筋目を明らかにしてくれるようなものだった。

いずれにしても、僕が興味を持つのは、普段見慣れているはずの光景をぜんぜん違う次元で見ていて、その見方が思考に広がりを与えてくれる人だと言えますね。

藤井　前に、沖縄在住の写真家の石川竜一《いしかわりゅういち》さんに雄大さんがインタビューしたときに、僕の那覇の仕事場を使ってもらった。僕は横で聞かせてもらっていたけど、あのときは石川さんにはどういう「見立て」を感じたのですか？

それともうひとつ、質問があります。僕は、じつはその時点で、石川さんのルポをヤフーのニュース特集で書いていたんだけど——それはインタビューではなく、彼に密着するかたちで書く人物ルポだったのだけど——、それをふくめて、自分がインタビュー取材しようとする相手が過去に登場した記事や資料映像は読むのですか。「見立て」をつくる材料として。

僕はできるだけ読むようにして、「隙間」を探します。誰も聞いていないことを聞いてみたい、聞き出してみたいと思うので。単に臆病なだけということもあるけど。

尹 お会いする前は、石川さんは社会や価値観を壊したいといった、わかりやすい破壊に向かわないけれど、かなりの怒りを根底に持っているんじゃないかと想像していました。まず石川さんの撮影したポートレートを見て、「いったいどこから撮っているのかわからない」と感じ、次に那覇や宜野《ぎの》湾《わん》の路上の風景、人物の写真を見ていくと、どうしても怒りがにじんでいるように見えて仕方ない。

怒りの矛先はヤマトなのか。アメリカなのか。沖縄自身なのか。それらをかすめながらも、けっして名指しできないないなにかに向けて、静かに憤り、身悶《みもだ》えしている。そういう僕の予見というか、体感は、石川さんの言葉を借りれば「いまこのときに捨てられずに残ってしまっているもの。それがいまの自分のどうしようもないクソッタレのアイデンティティにほかならない」にあたるのではないか、と思ったのです。

石川さんの写真集に『絶景のポリフォニー』(赤々舎)がありますよね。絶景とは「すばらしい光景」の意味です。ですが、絶望の景色にも読み替えられるし、しかもそれがポリフォニー(ふたつ以上のメロディが協和して、ひとつになった音楽）というのであれば、そこに不穏さを感じずにはいられませんでした。

資料については、昔はその人の書いた本は全部読み、雑誌の発言も網羅するようにしていました。いまはもう少し手際よく、中心に据える資料を元に周辺を読むという感じです。

インタビュアーは相手に対する「見立て」をどうつくっていくか

藤井　社会の出来事の「見立て」が常人と違う人に、インタビュアーとして惹きつけられてしまうのですね。

雄大さんは、インタビューに行く前に、こういう「絵」が描けるんじゃないかという仮説や「見立て」をしていくと思います。だけど、実際にインタビューしてみると、それがはずれてしまうこともままある。もちろん、はずれるおもしろさはあるけれど、おもしろくないほうに行くときもありますよね。

尹　狙いにいくとはずれます。だから、こちらの用意する見立ては、将棋で言えば最初の一手だけで、あとは用意した考えは捨てるようにしています。初手がすべてで、その精度の高さは僕の妄想の強度に左右されます。

たとえば、シンガーソングライターの川本真琴《かわむらまこと》さんを取材したときのことです。テレビによく出ていた頃は不思議ちゃん扱いされていて、本人はそう解釈されることに対してすごく居心地が悪そうでした。

でも、僕は彼女の発言や歌詞を読んで、直接は言及していないけれど、橋本治《はしもとおさむ》が言うところの「スカートを履いた男の子」だと直感しました。「この人はきっと自分の〝女性性〟に違和感を持っている」と思ったんです。のちにインタビューをさせてもらったのですが、それを直接聞くのではなく、思春期時代の話を聞いたら、僕の妄想はあながちはずれてなかったなと思いました。

藤井　僕は、俳優の宇梶剛士《うかじたかし》さんのことをテレビで見たり、僕がかつてやっていたラジオ番組に出てもらったとき、身体がすごく大きいのに猫背で椅子に座ったり、脚を閉じて座ったりしていました。その所作が気になって仕方がなかった。マスコミでのイメージは元暴走族総長で、暴力的なにおいぷんぷんという感じだったのに、それを内側に押し込めようとしている印象を受けたんです。とくにテレビのバラエティ番組で扱われる彼のイメージは、元暴走族総長というステレオタイプなものばかりで、ひどいなと思っていた。

だから、実際にインタビューすることになり、その何回目かのときにその僕の「見立て」を宇梶さんに聞いたらドンピシャでした。このデカい身体と「剛士」といういかにも強そうな名前、そこから「暴力」のイメージを付けられた自分がいる。だからこそ、逆に普段はそんなイメージを見せないように心がけているんだと。そこから話が広がりました。たしか、この見立てをどう思うかと、雄大さんに電話したよね？

尹　そうでしたね。「おもしろい見立てだと思う」って答えた気がします。相手はぜったいに言葉や仕草でなにかを発しているんです。それを観察するのが大事だと思います。誰しも社会で生きているなかで、やりたくないことをやったり、本意ではないことをしたりといろいろ折り合いを付けている。でも、どこかで常識や普通に寄せて生きることに疑問を抱いていて、「本当はこうじゃないのになあ」と窮屈に思っている部分がきっとあるはずなんです。そういうのは身振りや仕草で漏れてしまうと思っています。

藤井　それをキャッチするアンテナがあるかどうか。見立てる側の感度も必要でしょう。そういう感度というものを言葉で説明することはむずかしいと思うけど、鋭敏なアンテナの立て方ってあるのかな。とにかくよく観察することとか、普通に接しているだけでは感じられないですよね。

尹　最近、気づいたのは、相手の話を理解しようとしてはダメで、それよりも「完全に」聞かないといけないのだということです。「完全に」というのが、じつはすごくむずかしい。一切のジャッジをせずに相手の話を聞くわけですから。これは単なる傾聴ではありません。

人は話すのが苦手な「個性」を逆手にとる

尹　藤井さんは、いま四六歳（対談当時）の僕のことを、二五～六歳の頃から知ってる。だから、もともと感度があったとは言えず、そもそもコミュニケーション能力がめちゃくちゃ低いことはよくご存じでしょう。僕の場合、人の話を聞いても、それを理解しているかどうかが怪しい、というところがスタート地点だった。そう思うと、インタビューの技量はコミュニケーション能力とあまり関係ないのかもしれません。

藤井　よくも悪くも、雄大さんは「空気」を読むことがまったくできない人だった。他者とのコミュニケーションが苦手だったからこそ、人とは違う見立てができるようになったんじゃないかな？「人間」が苦手でも、退却しないで相手と向き合えば、インタビューはできるということかな。

尹　そうですね。人が苦手だからこそ、自分の思いを相手に誤解のないように伝えたいという気持ちは、人一倍強いと思います。相手のこともきちんと理解したいから、話を聞いている最中には、じっと相手の所作とかを見てしまいます。

藤井　僕も子どものころは、人間関係が嫌で怖くてしょうがなかった。友だち作りとか、本当に苦手だった。社交的な人間に見られたいという神経症的な怖れのようなものが、いつもありました。その反動もあって、人間を神経質に観察する仕事をやっている部分もあるのかもしれないと、最近になって思う。人間が大好きだからやってるんじゃない。どちらかというとその逆。おたがいに、子どものころのパーソナリティといまの仕事がつながっているのかな。

尹　このあいだ、初めて父親に「インタビュー」したんです。そのときにあらためて気づいたのが、うちの家族は考えや理屈を一方的に言いはしても、「気持ち」や感覚という、言葉にならないところを伝えることがほとんどなかった、ということでした。そういう環境で育ったものだから、言葉は額面通りに受け取るものでしかなく、「表向きは怒っているけれど、本当は悲しいんだな」といった、機微や奥行きを感じる経験が圧倒的に乏しい。

藤井さんも親しい間柄の精神科医の名越康文さんから以前、「君はマンションの魚眼レンズからドアの向こうをのぞいて、相手をじーっと見るような男や」と言われましたね。自分の正体を見せず、相手をじっと観察する。名越さんからしたら嫌なタイプだったかもしれません。悪意があるわけではなくて、親密な関係にどうやったらなれるのかがわからないんです。相手との距離感をつねに測って、合わないと思ったらさっと逃げてしまうところはありますね。

親しい関係になって、徐々に深いところを聞いていくという手順が取れないから、質問の精度で勝負するしかない。結果として、質問の内容や仕方が内角攻めみたいになって、インタビューに「遊び」がなくなるんです。

藤井 雄大さんは最近、自分が自閉症スペクトラムだとわかっていると、書いたり話したりしているでしょう。僕は、発達障害の子どもが起こした事件の取材の過程でいろいろ勉強してきた。

子ども時代の雄大さんのエピソードを前に聞いたことがあるけど、たしかにそうだなと思える点が多々あります。特徴としては、空気が読めないというか、他者との共感が不得手ということがあって、そのままおとなになっていく過程でそれに気がつくことも多いわけです。天才型というか、独自の感性を仕事に生かしていく例はよく紹介されているけれど、自分をラベリングすることによって、自分との向き合い方で変化したことはありますか。

尹　幼い頃、こけるのがわかりながら、自転車の手放し運転をやめられず、母親に「なんで、ケガするとわかっていて、そんなことをするのか」と言われ、「だって心がそうさせるんだもん」と地団駄踏んで泣きながら抗議した話とか、いろいろありますね。

自分との向き合い方の変化でいうと、三人以上の集団だとか、その場にいる人のなんとなく醸し出している雰囲気によって、怒りの感情が突如湧いてきたり、あるいは塞いでしまって、話しかけられても話す気になれず完全に閉じてしまうことが多々あります。自分でもなぜそうなるのかわからない。だからしんどいんです。

それでも社会性があれば適当な受け答えをしようと努力するのでしょうけれど、それができない。やりたくない。そういう自分を「おとなげない」とか「寛容ではない」と感じてもいるので、自責の念に駆られて落ち込むこともしょっちゅうです。

ラベリングによって理解したのは、自分が「怒り」だと思っていたのは、慣れない環境に対して覚える不穏さであり、閉じてしまうのも特定のコミュニケーションへの「こだわりの強さ」があるのかもしれない。そういうふうに言い換えると、「どうして自分はダメなんだろう」という出口のない反省に陥らなくてもよくなりました。

藤井　僕は、外堀を埋めるように、まず周囲の人から話を聞いて、その証言を元にした質問を本人にあてる。いろいろなイメージを交錯させていく感じで、雑談のようにインタビューを進める感じでしょうか。で、あとで整理する。雄大さんのように、決め打ち的というか、理詰めで聞いていくタイプじゃない。

尹　そう決め打ちでも理詰めでもありませんよ。本来はまとまりのないコミュニケーションをしがちなので、補助線として理を立てておかないとまったく意味をなさなくなってしまうから、一応は手立てとして理屈を考えているだけです。

でも、ここ近年はそのとりあえずの理屈も通じない対象に取材しています。鹿児島に「しょうぶ学園」という知的障害者の支援施設があって、そこに通ったり、しばらく住み込ませてもらったりしながら取材をしました。しょうぶ学園の利用者は、クラフトや絵画といったアート、音楽、衣服の分野ですばらしい作品を生み出していて、「アウトサイダー・アート」というような、域を超えた作品を発表しているんです。

施設長の福森伸《ふくもりしん》さんには福祉施設の経営とアートワークを司る「感性」についての話を聞いています。感性は理詰めでは聞き出せません。だから、抽象的な言い方ですが、「感覚的に迫る」という手法を使っています。

「感覚」をつかまえるインタビュー

尹　たとえば、福森さんは楽譜が読めないのに、利用者の奏でる楽器の出す音を指揮することができる。演奏する人たちも楽譜は読めないから、楽器を叩くことしかできない。だけど、全体としてはメロディになってしまうという不思議なことが起きている。

福森さんからすれば、「叩くことしかできない」のではなく「叩くことができる」。叩くという原始的な行為に努力や向上は必要ない。だから、いつでも自分の全力が出せる。これは健常者にはむずかしいことだという発見があったわけです。なぜなら、健常者は「うまくやろう」としたり、人が見ていると評価が欲しくて緊張したりするからです。

彼は、明らかに通常の福祉とは違う次元で健常や障害を捉えています。そこを理詰めで聞いていくのはむずかしい。「なぜ、そういうことができるのか」という質問は意味がないわけです。だから、そこで起きることをただ感じるしかない。

あるとき、体験入園している女の子がいて、ちょうどパーカショングループの練習をやっていました。その子は入ってきたときからパーカッションがやりたくてうずうずしている感じでした。お母さんもいっしょに来ていました。

福森さんが、その子にマリンバのバチを渡したら、すごい勢いで叩き出した。それに引きずられるようにバンドのみんなが演奏を始めて、休憩になっても彼女は叩き続けていたんです。すると、お母さんが「いまは演奏するときではない」と叩くのを止めさせてしまった。でも、考えて見ればあくまでも休憩であって、演奏自体を禁止したわけではない。親がその子に自己規制を求めた結果、そのあとの演奏があまりおもしろくなくなった。

そういう現象を観察し、体感することを通じて、僕はなんとなく福森さんの、人間の能力や障害に対する考え方の理解が進んだ気がします。僕らは、なにかができるようになるには、基本を身につけて少しずつ向上するみたいな考えを、当たり前のこととして身につけています。

しかし、障害者と接するなかで、その考えはおかしいんじゃないかと思わざるをえない事件が起きるわけです。彼は、そういう裏切られる時間に立ち会える場を創り出そうとしているんだと思った。あえて偶発性は用意できないけれど、そういう場に立ち会ったときに起きるおもしろさにダイブする。そこは当人が完全にコントロールできないことだから、けっして理屈では説明できないところですよね。

藤井　雄大さんは、その光景を見ていたわけでしょう。現場を共有することにより、不思議な光景を体験することができたのですか。

尹　そうです。福森さんは、僕から見ると利用者の皆さんとすごくいい関係を結んでいる。でも以前は、どういうコミュニケーションを取っていたんだろう。そう思って質問したことがあります。すると話の途中で涙を流し始めたんですよね。当時を思うと懺悔《ざんげ》の気持ちしかないと言うんです。福森さんはかつては障害者が健常者並みに物事ができるようになるのがいいと思って、そのための取り組みをやっていた。いまでもそういう考えは「療育」として、福祉では割と当然とされる考えです。

けれども、その当然さを彼は懺悔するわけです。そこに至るには、どういう展開があったのか。一見、他人には成功体験に見えても当人には意識されないところで、ずっとうずく痛みである場合もありますよね。

藤井　その瞬間がインタビュアーズハイだと思うな。涙を流すか流さないかは関係ないと思うけど、そういう瞬間が一回でも来たらすごい。

尹　「すごい話を聴けた」とか「やった」と思う気持ちがあって、自分のそういう汚さ、ずるさもちゃんと認めないといけないなと思わされました。ともあれ、人に付きまとう陰影を感じた瞬間でした。

藤井　そういう瞬間はどこからやって来るのかな。向こうからやって来るものなのだろうか。意識的に作れるものでもない。

取材相手の日常の「場」と相手の言葉や思想がつながって見えるとき

尹　さっきの自閉症スペクトラムの話とも関係してきますが、僕の場合、人の感情がわからないところがあって。だからこそ、その人の心の揺れがどこで起きるのか、すごく興味があるんです。相手の成功体験とか、どんな苦労したのかについては触れない。

たいていの場合、苦労や成功があったらなにかが達成できたと、そこにストーリーを見いだすわけでしょう。そういう因果関係には関心が持てないんです。つじつまが合っているストーリーがあるとしたら、それは閉じていることの証明でもあるわけですから。表面的な説明の付かないところに、物事の原因があるはずだと思っています。

藤井　振幅というか、ギャップのようなものをどうとらえるかは、インタビューする側や観察する側が相当な注意をしていないとわからないでしょう？

尹　また、しょうぶ学園の例ですが、園内には直線の道がないんです。「曲がっている」ということは一望のもとに監視できないわけです。利用者の動向を把握するなら、直線で構成したほうがいい。でも人の姿が見えなくなるような曲線が作られている。

なんでかなと思っていて、何度か取材を続けるうちに、それはわざとやっていることがわかってきて、むしろ「隠れられるような場所を作りたいと思っている」という発言を引き出せた。それを聞いたときに、なんとなく考えていたことが腑に落ちたんです。歩いて気持ちいいし、緑がいっぱいあるし、その感覚と僕のしょうぶ学園に対する気持ちが合致したというか。

藤井　なるほど。五感で感じたことと理論が合致したという。

尹　ええ、僕の場合は「周辺」のディティールとかざわめきを見つけることのほうが大事で、「中心」を取材することよりもそっちのほうが気になるんです。

藤井　取材相手の日常の空間に僕らが身を置いてみて、なにを感じ取れて、それが相手の思想や考え方、言葉とどうリンクするのかが自分なりに合点がいったときはうれしい。けれど、そこは素通りしてしまうことのほうが多いよね。日常にどっぷりつかっても見えるものではないし、たまに行くからこそ見えることもある。

尹　相手の身なりや所作にも注意を払いませんか。

藤井　過剰な意味はそこに見いださないけど、気になる。作家の海堂尊《かいどうたける》さんを取材したときに、あれだけ何百万部も売ってるベストセラー作家がいつも同じスーツを着ていて、そのスーツがすり切れたりしてる。冬なのにコートも着てない。そして、子どもが持つようなナップサックをしょってた。

尹　それはすごく気になります。

藤井　そこから彼の孤高とか、激しい情熱を感じたわけです。ただ、服装に無頓着で仕事にしか興味がないというふうに考えるのではないんです。彼は当時、オートプシー・イメージング（死後画像診断）をもっと普及させて、日本の「死因不明社会」をなんとか変えていこうとしていました。ときには、敵対したりする「利権」系の人々と超戦闘的モードになる。そうした医学業界で慣れ合うことを忌み嫌い、わが道をいく彼の思いが、彼の「見た目」と合致したんです。そのことの詳細は記事には書かなかったけれど、そういう観察眼は大事ですね。

尹　それもひとつの「見立て」ですよね。

藤井　僕は取材対象と、何日間も旅することも多く、日常を丸ごと観察する機会が多いからかな。

尹　僕は、いっしょに相手と旅をしたり移動をするのは苦手なので、インタビューは最長でも二時間。それを過ぎるとウルトラマンで言うところのカラータイマーが点滅して帰りたくなります。

それはともかく、前述したようにインタビューを受けてくれる人は基本的に「自分をわかってほしい」という欲求を持っているから、旅はしなくてもていねいに聞いていけば自分を開いてくれると思っているんです。

誰からも聞かれたことのないような質問をされたとき、インタビューイは高揚した表情を浮かべるし、一生懸命《いっしょうけんめい》に答えようとしてくれる。そういう確信があります。たぶん、当人にとっても自分の知らない魅力を新しく知る、というようなことだと思うんです。

「どのように?」よりも「なぜ?」を問うようにする

藤井　それまでにされたことのない質問を見つけることはむずかしい。やはり、資料を読んだり、関連本を読んだり、どこに余地や隙間が残されていて、じつはそこに大事な本質があるのではないかという想像をふくらませていくしかない。そういう意味では、僕もやはり妄想好きです。

尹　インタビューを受けてくれる人は話したいと思う一方で、同じことを聞かれて、答えるのに飽きているということもありますよね。

藤井　あります。「ああ、また同じ質問か」という気持ちが相手の顔にあらわれてしまって、表情が曇ったらダメですね。

尹　僕は答えにくいような質問も大事にしているんです。といっても、嫌なことを訊くわけではなくて、ハッとさせるというか、反射神経だけでは返せないような質問です。

インタビューの基本は、「どのように」を聞きますよね。僕の場合は「なぜ」が多い。「なぜ」って答えにくいじゃないですか。ミュージシャンに「今回のアルバムはどのようなコンセプトで作ったのですか?」というのはHOWの質問ですが、「あなたにとって音楽とはなんですか」というWHYの部分を繊細な聞き方で訊く。その「繊細な聞き方」というのがポイントなんですが。

藤井　でも、それこそTBSの「情熱大陸」じゃないけど、お笑い芸人に対してだったら、「あなたにとって笑いとはなんですか」みたいな質問をして、フェードアウトしていくようなのは好きになれないな。映像だとその場の空気や間《ま》がでるからいいけど、活字にしたらどうなんだろう。

尹　ええ、そこがむずかしいところです。繰り返しますが、繊細な聞き方がポイントとなります。僕もそういう「あなたにとって〜」のような、大雑把な質問はしないようにしています。

たとえば、裏麻雀の世界で二〇年間無敗だった「雀鬼《じゃんき》」こと桜井章一《さくらいしょういち》さんにインタビューしたときに、同席した編集者の質問が「勝つにはどうすればいいのですか？」といった、一番になるためのノウハウに関することばかりでした。流れを変えたいけれど、強引に断ち切りたくもない。そこで僕が桜井さんに訊ねたのは、「なぜ勝てるのですか」ではなく、「会長にとって二番目に大切なものってなんですか？」でした。これが僕にとっての「WHY」の質問です。すると、桜井さんは間髪を入れず「自分だよ」と答えた。あとで人づてに聞いたのですが、「俺におもしろい質問をしてきた奴がいた」と言っていたそうです。

藤井　微妙な「違い」ですね。

尹　変化球のつもりで投げたんですが、間をおかずに返すあたり、さすがに雀鬼と言われる人物だなと感心しました。

藤井　先ほど紹介した、作家の海堂尊さんの「死後画像診断」を取り入れるべきというメッセージは、すごく理詰めなんだけど、医学業界などの利権とぶつかる。それでも彼は直線的に進もうとする。その理由を彼が「だって、美しいでしょう」と答えたとき、僕はとまどって次の質問が思いつかなかった。だけど、本質的な答えだなとも思って、わくわくしたことがあります。

彼は理系の人だし、麻雀も好きだし、そういう数式的な理屈を通していくことを「美しい」と反射的に答えたのでしょう。そこが、桜井さんへの不意をつくような雄大さんの質問に対する答えと共通するものを感じるな。

尹　なるほど。仮に僕なら「じゃあ、〝美〟ってなんですか」という質問を続けるより、相手はそういう意識を持っているんだなと念頭に置いてインタビューを続けていくと思いますね。美について語ってもらうのではなく、美を通じてなにを語るのかを知りたい。

藤井　同感です。

尹　そういうときの相手の答えって、漫画の「ふきだし」みたいに見えません？　僕はすごくそう見えるんですよ。すごい台詞《せりふ》が出たなって。

藤井　でっかいコマで、「ふきだし」の字がデカい。

尹　そう。

セッションのようなインタビューとは、どういうものか

藤井　よく雄大さんが、セッションのようなインタビューになったときに、すごくいいコミュニケー

ションができたというようなことを言っているけど、そこは具体的にはどういう感覚なんですか？

尹　餅つきみたいな感じです。片方が杵《きね》でついて、片方が臼《うす》で餅をひっくり返すみたいな呼吸が合った感じですかね、たとえるなら。まどろっこしい前フリをしてからいろいろなことを聞いていくじゃないですか。そうではなくて、いきなりペッタンペッタンはじめられたらいいなと。

藤井　僕は、そういうのが苦手だなあ。

尹　阿吽《あうん》の呼吸っていうんですかね。ときどきですが、インタビューをしている最中にはそういう感覚が訪れることはあります。

うまく言葉では表現できないのですが。相手が言葉を探しているときに、「それはこういうことですかね」と、ごくさりげない様子で飛び石を用意する。そうすると相手が「そうそう」とのってくる。歩幅に合わない飛び石では興ざめなわけで、そのためには相手の話すリズムを聞き取っておかないといけない。そういえば、坂口さんに「耳がいい」と言われたことがありますね。

藤井　「耳がいい」とは？

尹　何度かインタビューしたときに、僕がぜんぜん話を聞いていないように見えたそうなんです。ところが、まとめた文章を読んでみると、息遣いをちゃんと再現していて、話を完全に聞きとっていたことがわかったと。それを僕なりに言い換えると、坂口さんの言っていることではなく、言わんとするところを汲み取っていた。たぶん、彼の欲望にちゃんと触れることができていたんでしょう。

僕は相手の話していることを音楽のように聴いているところがあって、だから文章にするときにはテキストを「楽譜」のように扱っているところがありますね。

藤井　楽譜のように？　それはあなたの天性みたいなものかもしれない。僕は悲惨な事件に遭った人や遺族に話を聞くことがこの一〇年ぐらい多かったんだけど、感情が溢れ出てこようとする部分と、理論的に話そうとしている部分が交錯していくんです。

たとえば犯罪被害者の遺族の方は、怒りや悲しみを感情的に話すという先入観がメディアに流布しているから、それをくつがえそうとしてよけい理論的に話そうと努力をされる。「感情的存在」と見られたくないし、とくに映像メディアが泣いているシーンを撮りたがるから。

そういう痛々しいまでの語りの起伏や逸脱をどう受け止めるかが大事だと思って、『アフター・ザ・クライム』（講談社）を書きました。事件について聞いているのだけど、とめどもなく話が広がっていくという経験がすごく多くて、それをあえてカットしないで、すべて書き留めようと思ったんです。インタビューする側が聞きたい核心のことよりも、どんどん逸れていく言葉の「流れ」って、すごく大事じゃないかと思ったんです。

尹　そうですね。質問にズレている答えであっても、言わんとしていること、「心の襞《ひだ》」みたいなものを聞き手が理解してあげると、その人にとっても整理になると思います。

藤井　ところで、インタビューしているときって、映像は浮かびますか？　楽譜に見えるということ？

尹　共感覚と言うんですかね。人によっては色とか映像とか、そういうものに置き換えて理解するじゃないですか。どう見えます？

藤井　たとえば場面を書くときなど、あとで絵を描くつもりでやるようにしています。イメージしやすいように、ディティールをこまかく聞いていくということはあるけれど、雄大さんはインタビューの最中に映像が浮んでくるということですよね？

尹　どんな抽象的な話でも、映像が思い浮かぶんです。グーグルのストリートビューみたいな感じです。相手の話の「言わんとするところ」を訊ねて行くと、景色が変わって行く。

藤井　僕はあえて言うと、相手のトークの全体の流れを山の稜線のイメージというか、そういうものにたとえて見ている感はあります。相手の話がぼんやりしたり、（稜線が）はっきり見えたり、上にいったり、なだらかになったり、雲がかかってわからなくなったりするというように。

　起承転結というか、その四つが入れ代わることもあるけど、相手の話を腑分けしながら聴く癖はあります。人によっては「起」からではなく「転」から話しだす人もいるので、そういうものを観察し、編集しながら聞いていくイメージはあります。着地点を探しながら、話を聞いていますね。それが山の稜線のように感じ取れる。

尹　なるほど。インタビューの技法も、人によって違いますね。

相手の思考のプロセスこそ、インタビューする意味がある

尹　繰り返しになりますが、インタビューを受けてくれる人というのは、微妙なところを嗅ぎ分けて欲しいという欲求をどこかで持っていて、だから、わかりやすく話そうとしてくれる。でも、わかりやすいということは、その表現を選ぶに至るまでの過程が濾過《ろか》されているわけです。だから、本人としては、「伝えたいこととはちょっと違うんだけれどな」という「惜しく思う気持ち」を持っているんだと思います。だから僕としては、わかりやすい発言をするために濾《こ》した話ではなく、原液を味わいたい。

藤井　森達也さんと僕との分厚い対談本で、死刑のことを語り合った『死刑のある国ニッポン』（河出文庫）について、インタビューを受けることが何回もありました。本では、存置か廃止かの二分法のはざまでえんえんと話をしているのに、インタビュアーはそこはすっとばしてしまうんですよ。こちらが聞いてほしいのは、そういう迷いのなかで森さんと僕がどう交錯をしたのか、反目しあったのか、ということなのに……。そういう微妙なところは聞いてくれない。

尹　「はい、これが答えです」と一般的に理解しやすい、行儀のいい話をされるよりも、そっちのほうがおもしろいと思うんですけどね。プロセスを聞かないのは、興味を持ってインタビューしてないことの証《あかし》であるような気もします。

藤井　たしかに、そうかもしれません。僕は、最初は相手に対して過剰な興味を持って、調べてまくってからインタビューして、さらに資料を調べて、関係者に会ったりして、自分にとってのある種の高みまでのぼっていく。すると、なぜか一気に気持ちが萎える時期が来ちゃう。そして、しばらくしてから、また盛り上がるという決まった流れを経る。その過程のなかで、僕は「その人に本当に興味があるのだろうか？」と自問自答してしまうこともあります。じつに情けない僕の性格なんだけど。

尹　そうですよね。何度もインタビューした人であっても毎回緊張するし、「今日はもう止めたいな」というときがあります。でも、それは単純に億劫《おっくう》だとか興味がないからと、簡単には言えない複雑な気持ちです。その証拠に、相手に会ってみるとやはり楽しいし、聞きたいことがどんどんわいてきます。

藤井　相手への過剰な関心や興味は、話してみたときはおもしろかったけど、書いてみてつまんないとか、その逆もあったりします。その人にどれぐらいの興味を持っていたのかを、自分のなかで測りかねるときがある。

尹　興味を測りかねる理由のひとつに、僕の場合は「今日はうまく話を訊けるかな」と不安に感じてしまうことも背景にあります。ただ、回数を重ねるに従い、インタビューの時間を楽しみに待ってくれている人もいるんですよね。自分の話すことを僕が理解してたり、整理してくれていると思ってくれていたみたいです。

藤井　そうなってくると、関係が変わりますよね。インタビューイが、インタビュアーにいろいろシビアな相談をしてくるようになるときがあります。カウンセラーのようになる、というか。そのときも、いいインタビューができたとすこし実感できる。

故・佐木隆三さんに、門司港の山の上に会いに行ったときに、三〜四時間インタビューしたあとに、彼が焼酎飲んで泥酔して「藤井くん、僕はもう死にたい」と涙を浮かべながらいきなり言い出した。驚きましたが、後輩にそういうことを言ってくれるのはうれしかったですね。佐木さんはそのまま寝ちゃいましたが、その言葉の意味をずっと考えました。

誰も見ていない、触っていない「細部」をさがす

尹　発言の意図は、口に出した言葉の意味を探っても見えてこない場合も多々あって、だから、感覚的な把握が大事なんだと思います。たとえば、さっきから話しているしょうぶ学園ですが、園内に木々がいっぱいあるんです。落葉の季節になると、職員の人がちゃんと掃除をする。

きれいになった園内を見た福森さんは「葉っぱが一枚もないのは不自然でしょう?」と職員に言ったのだそうです。掃除も大切だけど、さりげなくそのときの季節の気配を残しておいてほしい。そういう感覚を伝えたかったようです。

「葉っぱが一枚もないのは不自然でしょう?」という発言を聞いたとき、けっこう「肝」に触れた気がしました。その美意識が人とのコミュニケーションにつながっているんだなと思ったんです。茶

の湯の人みたいだなと思いましたね。

藤井 普通の観察力だとそこはスルーする「細部」です。でも、本当は「細部」にこそ神は宿るという意味で言えば、それを感じ取れるかどうかはインタビュアーの力です。本書の「はじめに」でも触れましたが、佐野眞一さんには「大文字」の言い方と「小文字」の言い方というものがあって、大文字だけでその学園を表現すると、「ここは知的障害者施設で〜」みたいな説明になるのでしょう。一方、「小文字」だと、もっと学園内のちいさな風景に「意味」を見いだすということになるわけですね。

漫画家の福本伸行《ふくもとのぶゆき》さんを取材したときに、彼が足をすこし引きずって歩いていた。そのことを、三〇年来の担当編集者も、ほかの福本さんについての記事でも触れられたことがなかった。僕はその理由を聞きたかった。で、聞きました。そうしたら、そこから父親の話がはじまり、父親のドメスティック・バイオレンスの話が出てきたり、崩壊してた家族の歴史の話につながっていったことがあります。

尹 一見、関係のないような、誰も触れなかった事柄を聞いていくと、それまでばらばらだったことがなんらかの因縁でつながっていくことって、けっこうあると思うんです。これも妄想かもしれませんが。

藤井 それが大事だと思う。細部にこだわり、そこをどう掘り下げて、人物全体の話と関連づけたり、統合させたりしていくか。もちろんそれは切り離したままでもいいと思う。

こちらの観察眼や見立てを磨いていく必要がありますね。

相手の言葉の熱量と濃度を感じる聞き手

藤井　雄大さんの『やわらかな言葉と体のレッスン』（春秋社）について聞きたいことがあります。雄大さんが、前述した二重被爆された山口彊さんの自伝『生かされている命――広島・長崎』（講談社）のインタビュアーをつとめたときの話が出てきます。広島に原爆が投下されたあと、山口さんが川沿いを歩いていたところ、むこうから小学生の集団と教員と思われる集団が歩いてきて、体には布切れだけがまとわりつき、指先からは腕の皮膚が手袋のように垂れさがり、性別も定かではなかった、という証言を聞き出しています。以下、同書から引用してみましょう。

「定かではなかった」といい終えた後、目に留めたひとりの子供について、山口さんは「かろうじて膨らんだ胸で女の子だとわかった」と続けました。そのとき僕は山口さんの眼に映った少女の姿をはっきりと見たのです。（中略）山口さんは被爆した際、左耳の鼓膜が破れました。史実を客観的に捉えようとする態度からすれば、体力も限界に近づいていた山口さんの「左側の川から聞こえた溺れる人の声というのが、実は右側をすれ違った集団の呻き声だったのではないか」と「実際」の状況を検分し、推論しようとするでしょう。でも、それは違うと気づいたのです。（中略）客観的に語りようのない出来事が本当に起きたのだと、そのとき身震いとともに理解しました。むしろ頭ではなく、怖気を震うことのみで把握したのです。そのときの体感を通じて手渡すしかない事実がそこにあった。僕にできるのは、その断片をなんとかつかまえ、文字に焼き付けることでした。

先ほど言っていた「映像として浮かぶ」ということは、まさにこういうことなのですね？

尹 そうですね。「映像を思い浮かべる」のではなく、否応なく「浮かんでしまう」。しかもその映像は思いや念や感情とが一体となったもので、映画や写真のようなものとは違うのです。「浮かんでしまう」ことを追体験と言ってしまうのは、言葉として軽いのですが、相手の眼と自分のそれとが重なるような体験です。

藤井 『やわらかな〜』のなかで雄大さんは、言葉の熱量や濃度を感じるということと、相手の言っていることが「わからない」のだとしたら理解しようとするより、「感じる」ことが「聞く」ということじゃないかということを何度も書いています。被爆したときに見た光景についての記憶を山口さんが雄大さんに語ったとき、まさに熱量や濃度を感じたピークだったということなのですよね。

相手の言っている話の「意味」を正確に聞き取ることは大切なことだと思うんです。とくに昔の記憶を聞いていくと、同じことを質問しても、少しずつディティールが違うことはわりとあることです。僕らはまちがえないように正確さとか意味を求める傾向があるけれど、それよりもその相手が伝えようとしている本質的なことはズレていたりする。雄大さんが、使っている相手の言葉の「濃度」を感じるということを、あらためて説明してくれますか。

尹　意味に還元できない「なにか」ですね。本当は話を聞こうと思ったら、その人が生きてきた月日と同じだけの時間をかけないと、正確に聞くことにはならないと思うのですが、それは不可能です。僕が聞けるのは人生の断面であり射影にすぎないわけです。つねにその人の丸ごとではない話を聞いている。

　だから意味のある受け答えになっているとしたら、それは「こちらにとってわかりやすいストーリーになっているのではないか？」といつも警戒しています。

　でも、いまどきは聞きやすいストーリーではないところを「冗長」として削除しがちですよね。それは違う。容易にストーリーにならないところに、にじみ出てくる「なにか」を聞き取ることが、その人の哀歓や屈託、陰影を知ることになるのではないか。それが「濃度」だと思っています。

藤井　なるほど。僕もそういう「耳」を持ちたいと思うし、身体を意識したいと思います。

　自分が相手の言葉や、言っている話のどこに感応しているのだろうとか、煩悶してしまっているのだろうという、むしろ自分の内側の声に耳を澄ますということなのかな。そうすると自分のなかに、なにかの発見がある。

尹　そうですね。やはり自分を通じて相手を見ているわけですから、話がシビアな局面に差しかかれば、自分の見方や感じ方が問われることにもなります。

藤井　糸井《いとい》重里《しげさと》さんが運営している「ほぼ日刊イトイ新聞」の巻頭で「今日のダーリン」というコラ

ムが毎日更新されています。そのなかに、「人になにかを訊かれずに生きてきたら、ぼくは、いまよりも、ものを考えなかったと思う」という書き出しの回（二〇一六年八月一一日）があって、ふむふむとうなずいてしまった。

その文章で糸井さんは、それまでの人生でたくさんのことをさまざまな人から訊かれてきて、それに加えて「取材」という場面があって、たくさんの質問を受けてきた、と。質問されることはたいだい似通っているのだけど、ときに「そのことはとても大事なんだけど、言えるようなかたちで考えたことはなかったな」と思うようになるきっかけをくれる質問がきっかけになって、人は考えるようになって、自分の思いが整理されていくということを記されています。そして、糸井さんはこう続けます。

ぼくはいい取材を受けたことで育てられてきた。このごろ、しみじみそんな気がしている。熱心に、誠実に、親身に、真剣に、わくわくしながら、発せられる質問と、それに対しての新鮮な答え。そして、うなずきと、新たな質問のくりかえしは、それをやってきてよかったと、つくづく思っている。取材をされた経験には「よろこびを含んだ肯定」がある。ぼくは、じぶんが取材をする側になったときには、相手にも、ぼくが経験した「よろこびを含んだ肯定」を味わってもらえたらいいなと思っている。なんのメディアがないとしても、取材はおもしろい。みんなが遊びとして、「取材」をし合えばいいのにね。

相手がインタビュー慣れしている人だったとすると、たいがい取材する側とされる側は予定調和で終わっていきます。映画や音楽等の宣伝で一日に十数本の取材を受けるような状況では、そうならざるを得ないでしょう。でも、それは双方にとってきっと、つまらない。

取材をする側はその予定調和を壊すような質問や、被取材者がハッと気付くような質問がどうできるかって大事だと思うんです。それが糸井さんが指摘するように、相手にとってもプラスになるし、ぜったいに会話が進んでいくと思うんです。この取材者は自分の無意識的なところに手を突っこんできてくれるぞと。俄然、「取材」を両者が楽しめたり、意義を見いだせたりするものに変化すると思う。

尹　取材を受けることがルーティンになっている人にとっては、時間を奪われている感覚になっている人もいるでしょう。なおのこと出会ったこの場において、たがいが新しい自分を発見できるような豊かな時間にしたいと思っています。だから質問の精度を高めてのぞみたいと思っているわけです。

藤井　取材とかインタビューというのはあらたまってするような、いわば非日常的な行為なのだろうけど、だからこそ、そのときに受ける質問によって思考が深められるということがあると思うんです。

尹　考えるということと習慣で見つけたパターンを当てはめることの違いが、見えにくい時代になっています。インタビューのたびに「考えるとはどういうことか？」を問われているようで気になります。

藤井　相手がなんらかの気づきを得られるような質問というのは、狙ったり、意気込んで考えていっても出るようなものじゃないと思う。その質問に相手が答えたら、そこからやり取りが続いていったり、はては両者とも考え込んでしまったり、いろいろな展開が枝葉のように広がっていくなかで表出してくるのかなと。

尹　本当は即興性しかないわけですよね。あらかじめ考えたことや、その人が蓄えているエピソードの表現ではなく、その人からどうしようもなく表出されてしまうもの。それに感電すると、なんとも言えない多幸感を覚えます。

（おわり）

私が影響を受けた一〇作品

ルネ・ドーマル著・巖谷国士訳『類推の山』（河出文庫）
現実とはなにか？　それを考えること自体がひとつの冒険なのだと、この小説は教えてくれます。

清沢洌著・山本義彦編『暗黒日記』（岩波文庫）
閉塞する時代のなかで、国際感覚の優れた人物がいかに世の中を捉えていたのか。同じような状況を生きる私たちが学ぶべきことは、いまこそ多いでしょう。

山田風太郎著『警視庁草紙』（河出文庫）
時代の転換期において、人はいかに出処進退すべきか。さまざまな屈託に折り合いをつける生き方もあるということを知るうえで格好の一冊。

井出孫六著『秩父困民党群像』（現代教養文庫）
権力にくみすることばかりを覚えてしまい、抗うことがわからなくなっている当世において、先人たちはいかに権力と戦ったかを知ることは喫緊の課題です。

宮本常一著『忘れられた日本人』（岩波文庫）
伝統や歴史とは文物ではなく、生きている人間であり暮らしのことだと気づかされます。

アハロン・アッペルフェルド著・村岡崇光訳『バーデンハイム一九三九』（みすず書房）
災厄は普段と変わらない顔つきでやって来る。だから平常と非常とが判別できないまま人々は打ち倒されてしまう。歴史上、何度も繰り返された風景です。

三木成夫著『胎児の世界』（中公新書）

生命はどこからやって来るのか。いまなお解けない問題に、どのように迫ることが知的に誠実な態度なのかを教えてくれます。

水木しげる著『ほんまにオレはアホやろか』（新潮文庫）

どんな時代であれ、くよくよすることなく、深刻ぶらずに生きていける。本書を読めば勇気づけられること請け合い。

バックミンスター・フラー著・梶川泰司訳『クリティカル・パス』（白揚社）

宇宙には上下も左右もない。人生は、この制限のない宇宙を生き延びていく旅である。ただ適切な手段を用いれば、権力者に頼ることなく、個人は自立して生きていくことができる。フラーは政治家に社会全体の先導を求めるのは、「犬のしっぽに犬の散歩を頼むようなものだ」と言っています。本書は自立のための指南書です。

ダニエル・L・エヴェレット著・屋代通子訳『ピダハン』（みすず書房）

アマゾンの奥地に住むピダハン族を教化しようとした宣教師が記した書。老荘のような素朴な世界でも数は3まではある。つまり「私・あなた・彼ら」は認識できる。ところがピダハンにはどうも数の概念がない。現代人の常識が揺さぶられる書です。

土方宏史

私がヤクザを取材した理由

藤井誠二

土方宏史（ヒジカタ・コウジ）

一九七六年生まれ。上智大学英文学科卒業後、東海テレビ入社。情報番組やバラエティ番組のAD、ディレクターを経験した後、報道部に異動。二〇一四年より愛知県警本部詰め記者。同年に『ホームレス理事長 退学球児再生計画』でドキュメンタリー映画を初監督。公共キャンペーン・スポット「震災から三年～伝えつづける～」では、第52回ギャラクシー賞CM部門大賞と二〇一四年ACC賞ゴールド賞を受賞。二〇一五年、公共キャンペーン・スポット「戦争を、考えつづける。」で二〇一五年ACC賞グランプリ（総務大臣賞）を受賞。二〇一六年には、監督作品となる映画『ヤクザと憲法』（東海テレビ放送）が公開され、話題を呼ぶ。

「日常」に取り込まれないうちに質問してしまおうと決めていた

藤井　「ヤクザと憲法」。久々に見入ってしまうドキュメンタリーを拝見しました。いきなり組事務所のなかにあるキャンプ用品のバッグを土方さんが指さして、「これマシンガンとか入ってるんですか？」と、あえてわかっていながら聞くようなシーンがあった。それから、ヤクザ当人にヤクザの組織図——組長と若頭との関係とか——をいちいち図に書いて説明してもらっているシーン。

そういった、あえてベタで基本的な質問を土方さんは彼らにしているように見えたのですが、ああいう質問をして、対応してくれた組の人たちはカチンときていませんでしたか。

土方　僕はもともと制作部出身なんで、柔らかい番組やコーナーも作っていました。藤井さんにコメンテーターで出ていただいていた「みんなのニュースＯｎｅ」のなかでも、「行ってみたらこうだった」という、たとえばヘンな地名をさがして取材にいくとか、そういう柔らかめの企画をいま担当してます。

藤井　あのコーナー、僕が担当の日によくオンエアされていたけど、内容がユルすぎてコメントがむずかしかった。そういうバラエティ的な企画で、ある種の空気を読まない質問力みたいなものが鍛えられたのでしょうか。

土方　ああいう質問は、自覚的にやっている部分と無自覚にやっている部分があるけれど、テレビや映画を観ている人を笑わすつもりはないんです。「マシンガンですか？」と質問したのは、ヤクザの事務所に行った初めての日か二日目なんです。だから、そのような狙った質問ができるような余裕は、まだありませんでした。

ただ、プロデューサーの阿武野勝彦《あぶのかつひこ》からアドバイスをもらって、どんなところでも密着するとすぐに「慣れてしまう」から、日常に取り込まれないように気を配り、まだ慣れないうちに質問を重ねておこうということは意識していました。観る人はヤクザの内部のことなんか、なにも知らないわけですから、そういう普通の人が聞きたいであろうことは、取材者である僕たちが「慣れない」うちに聞いてしまおうと。

「マシンガン」のくだりは、半分はあえて意識的にした質問です。聞いた組員は真剣に「テントです」と答えてくれました。あの人は組事務所で住み込みをしている人ですが、とてもまじめな性格なんです。

ただ、これは編集でカットしたのですが、サンリオのキャラクターの「マイメロディ」の目覚まし時計が、その住み込みの人が居住する部屋にありました。ピンクのウサギのかわいいやつなんです。これはあえてツッコミを入れました。「なんでこれなんですか？」って。そしたら、その人は、これはヤクザらしくないなって時計を隠してしまいました。

西成のヤクザはサービス精神が旺盛だった

藤井　舞台は二代目東組《あずまぐみ》傘下の二代目清勇会《せいゆうかい》の組事務所ビル。西成《にしなり》区に本部を置く、広域暴力団である山口組にも属さないヤクザ組織です。会長の川口和秀《かわぐちかずひで》さんは、ヤクザ業界では知られた人で、独立系のヤクザであり、なおかつ清勇会のトップなので、自分の一存でメディアの取材を受けることができるという「利点」があったでしょう。また、関西の下町のノリとも言うようなサービス精神もあった？

土方　部屋住みの人はそうじゃないけど、野球賭博らしきことをしていた年配組員とか、家に連れていってくれた中堅ヤクザは、サービス精神が旺盛というか、関西人気質にあふれていたと思います。

清勇会会長の川口和秀さんはポーカーフェイスですし、なかなか内面を見せない人ですが、それでもやはりサービス精神のある人でした。顔もかっこよかった。ただ、僕としては作品性を評価してほしいのに、「川口会長がイケメンでした」と映画を観た女性から言われると、ちょっと拍子抜けしますけれど。

藤井　川口会長がいわゆる理論派ヤクザという存在であることにも、社会が驚いたという面があるかもしれない。映像のなかに出てきましたが、二二年あまりの懲役を終えてきた。

土方　川口会長は獄中で死刑廃止運動に興味を持つようになり、和歌山毒物カレー事件の林真須美《はやしますみ》死刑囚と文通をしていたこともあったそうです。組員の人たちは人間くさい部分が撮れたけれど、川口会長は最後まで本当はどんな人なのかがわからなかった。たとえるなら、郷《ごう》ひろみさんが「家を一歩出たら『郷ひろみ』を演じるんだ」というふうなことを言っていたのに近い。一歩でも外に出たら会長をやる。本心を見せないキャラクターなのではないか。組織の長として、ヤクザの親分を演じているような。

ですが、いま考えると彼は組の内部を全部見せることが、いまのヤクザの実情を訴えることだと考えていたのであり、それが彼なりの「本心」だったのではないかと思います。

相談した警察官OBに、そんな映画があったら観たいと言われた

土方　記者として警察担当だった二〇一四年春に、知能犯を扱う二課と暴力団を扱う四課を担当していました。新聞やテレビでは兼任することが多いんです。担当していた当時は、ヤクザ関連の事件がまったくといっていいほどなかった。そのせいもあって、ヤクザの世界の内実をほとんど知らなかったんです。なにかで逮捕されたら取材にいく程度で、彼らの世界の内側というものを知らなかった。

一般的に警察は、逮捕された被疑者にほっかむりをします。推定無罪の原則なのでしょうが、ヤクザにはそういう配慮がされない。暴力団組員が送検されるところを撮影しようと警察署に行くと、「ヤクザだから顔は隠させないよ」と署員は簡単に言います。そのときはなんでヤクザは顔を隠させ

てもらえないのか、なんて真剣に考えてもみませんでした。

僕たちは、ヤクザが絡む事件が起きて、ヤクザが逮捕されると、まず警察に聞くんです。「何次団体ですか？」と。

マスコミはニュースバリューとして、二次団体ぐらいまでしか取材する価値がないという空気ができている。三次団体以下なら取り上げないという不文律がありました。このように取材が警察情報一辺倒だったし、形骸化していたし、当時は山口組分裂騒動の前だったし、そもそもマスコミも取材対象としてのヤクザに関心がなくなっていたと思います。

暴力団担当の警察官に言わせると、「あいつら悲惨だよ」と言う。起こす犯罪も窃盗とか、詐欺とかそういうことばかりで、ようするに食えないからです。警察官がヤクザを「見放している」というか、本来は敵対する関係なのに、力関係が完全に警察が上になっていて、気にもかけないんです。ヤクザって「悪」のヒエラルキーのトップに君臨していると思っていたんですが、いまは最底辺になっているらしい、と。そう警察官も言っている。だから、その実態を知りたいと思ったのです。

好奇心ですね。「手ぶらドキュメンタリー」と僕らは言っていますが、東海テレビの伝統で、最初から予備知識をあまり詰め込まず、「これを撮ってやるぞ」というような目的を決めずに、行ってみて取材できたことから番組を作る。撮ってわかったことから考えていこうというものです。

シンプルですが、これが報道やドキュメンタリーの原点だと思います。ですから、清勇会を取材する前には、暴力団対策法（以下、暴対法）も暴力団排除条例（以下、暴排条例）も最低限のことしか勉強をしていかなかったんです。好奇心、つまりは覗き見したいという気持ちを持つことはけっして悪いことではない、という共通認識が僕らにはあります。

藤井　プロデューサーの阿武野さんが、ヤクザ取材を精力的におこなってきたライターの鈴木智彦《すずきともひこ》さんによるインタビューのなかで、最初は土方さんに思い留まらせようと考えていたことを吐露されています。

それこそ取材中止の材料として、愛知県警のＯＢのところに土方を連れて行ったんです。県警の暴力団取り締まりの最前線にいた方です。「殺されるかもわかんないよ。あいつらなにするかわかんないから」とそんなふうに言ってくれると、僕のなかで勝手な物語ができていた。でも、警察ＯＢからはびっくりするような答えが返ってきました。

「（そんな作品があるなら）観たいですねぇ〜」、「嘘でしょう！　冗談で言っているんじゃないんです！　ほんとうのこと言ってくださいよ」、「いや、本気です。観たい。なかに踏み込んでこそ情報はとれる。そういうドキュメンタリーがあるならぜひ観たい」。こんなことも言いました。「ドブのなかに手を入れて握るでしょ。そうすると泥が手のひらに溜まるでしょう。それを団子にしようとギュッと握るんです。そのとき、手からはみ出ちゃう泥は徹底的に叩く。つまり、取り締まるけれども、団子になって残ったドロはそれなりに許容するんですよ。それが社会ってもんじゃないですか？」（マイナビニュース、二〇一六年一月一日）

取材計画を中止させるどころか、圡方さんのモチベーションが上がってしまった。その過程もドキュメンタリーっぽい。

圡方 次に、東海テレビで放映した「死刑弁護人」でお世話になった弁護士の安田好弘《やすだよしひろ》さんに相談しました。そうしたら安田さんは、北九州の工藤会を取材したらいいんじゃないかと言うんです。いずれヤクザは終わることが決まっているから、工藤会は「散り方」を観るのに適している、と。

藤井 「散り方」だなんて、ヤクザ小説家の表現ですね。

イデオロギーもない。「右」や「左」でもない

圡方 死刑事件の弁護をしている安田弁護士に会ったことで、プロデューサーのギアも入りました。阿武野からは、番組化する際には、ヤクザの顧問弁護士を取材するようにと言われました。ヤクザと社会の結節点だから、と。暴排条例でヤクザと一般人の接点がなくなり、世の中とヤクザの関係性が見えなくなってしまった。弁護士を取材することで、ヤクザと社会の繋がりが見せるためには、弁護士の取材が必要だと言われたのです。

僕は、山口組顧問弁護士である山之内幸夫《やまのうちゆきお》弁護士のことを知らなかったんです。『悲しきヒットマン』（徳間文庫）という本を書いている人であり、あとはウィキペディアで調べた情報だけで、取材

をスタートさせました。取材中に、結果的に弁護士資格を失うことになる事件の被告となった公判も進行していきました。山之内弁護士はヤクザの弁護人ということで、警察から徹底的にマークされていましたから。

藤井 暴対法や暴排条例の問題性を撮りたかったのか、それとも現代のヤクザのいまの内実を見たいと思ったのか。気持ちとしては、どちらが強かったですか。

土方 完全に後者のほうです。ヤクザの存在に対する問題意識というよりも、ヤクザの内面を見たいと思ったんです。基本的に、そんなものは見れないし、彼らが見せない。

東海テレビでは、プロデューサーがこういうふうにやれとか、これをやれというのはないんです。いいものを作るためには、やりたい人間が全身で相手に向き合って作る。そこから社会が見えてくれば、右でも左でも関係ない。僕自身はノンポリというか、イデオロギーみたいなものにあまり関心がありません。

暴対法や暴排条例でヤクザが追い詰められていく時代のなかで、彼らも人間じゃないだろうかということを、取材を続けていくなかで問いかけたいという思いが出てきました。その思いをプロデューサーにぶつけたのです。

藤井 おそらく、ほかのマスコミの人間はびっくりしたでしょう。よく内部にこれだけ入れたな、と。

土方 じつは、僕たちの「裏メッセージ」として、メディアの人たちに対して「やれないことはない」と訴える、というものもあったんです。警察詰めの記者にしても、ヤクザについては、警察からしか情報を取らないことが当たり前になっています。「うちではできません」とほかの局の人はよく言いますが、そんなことはありません。独自取材でやればできるということも伝えたかった。

藤井　やれないというのが言い訳みたいになっているけど、じつはやろうとしないだけ？

土方　そういう面もあると思います。

藤井　それにしても、長期間にわたる取材でしたね。予算もかかったのではないですか。

土方　ニュースのスタッフでやるものですから、その予算の範囲でやりました。東海テレビは小さいユニットで動いているので、動きやすかったということもあります。

番組タイトルも方向性も決まってなかった取材

藤井　どのようにして二代目東組二代目清勇会に行き着いたのですか。取材対象に行き着くのは、取材行為のなかで明かしにくい部分であることは僕もわかっていますが、できる限り教えていただけたら。

土方　いろいろな方に相談をしました。前述のライターの鈴木智彦さんにも相談しました。プロデューサーが、スタッフに危害を加えられる可能性があるときは取材にゴーサインを出せないというから、鈴木さんに確かめに行ったんです。「ぜったい大丈夫」と鈴木さんは言ってました。ヤクザの人たちは、法律や条例で徹底的に取り締まられているし、組員の犯罪でも使用者責任としてトップが逮捕される可能性があるため緊張感を持っています。

サービス精神でいろいろと話してくれるけど、ヤバい話は寸止めで話してくれない。それが証拠になって逮捕されてしまう可能性があるからではないかと感じました。ふだん警察とやり合っているから、そういう寸止めの訓練はできているのかもしれません。

ですから、東海テレビにガサがはいって、収録テープを持っていかれても証拠にはなりません。薬物の取引と思われるようなシーンも撮れていますが、犯罪を立証する証拠になるような映像ではありませんでした。

藤井　ＮＨＫでも「ドキュメント　決断」（二〇一四年放送）という番組で川口さんを撮っていました。暴力団を離脱した者のその後というのがテーマでした。

彼は実話雑誌などでも有名な人物だし、テレビに顔を出して語る数少ない現役ヤクザだから、取材を申し込んだのかなと思ってました。

土方　そうではありません。川口さんに依頼する前に地元名古屋の団体や地方の組織も、いろいろ人づてに当たりました。しかし、いいところまで行っても上部団体の同意が得られないと断られたり、僕たちの取材スタイルを受け入れてくれるところは見つかりませんでした。

映画の冒頭にも出していますが、取材謝礼金は払わない、収録テープ等を事前に見せない、顔などにモザイクは原則かけない、というのが僕たちの条件です。

川口会長は独立系のヤクザの二次団体のトップだから、自分の組を取材させることについては――

いちおう本家にはきっちりことわりを入れていると思いますが——自分の一存で判断できて、責任を持つという男気のある人です。二代目東組に最終的にお願いをしたのは、ある作家のツテですが、川口会長は終始、「取材を受けるのはリスクしかあらへん」と笑っていました。もちろん名古屋ですから弘道会もあたりましたが、取材には至らず、最終的に二代目東組に行きついたという過程があります。

それから、私たちが制作したドキュメンタリー映画の第三弾「死刑弁護人」を川口会長が見ていて、なおかつ会長は獄中で死刑廃止運動をしていたので、安田弁護士の活動に共鳴していたし、「死刑弁護人」を作ったテレビ局だから、取材についての厳密な取り決めはなくても、「(そういうドキュメンタリーを作っている局だから)いいもん作ってくれるやろ」と言っていました。

藤井 先ほどの条件は飲んでもらって、具体的にはなにを撮りたいとオファーしたんですか。

土方 基本的には組の日常が撮りたいとお願いしました。でも、川口会長は、その意味を最初はわからなかったと思います。日常を撮ってどうするんだという感じでしょう。それで、なにが撮れるかどうかわからないけど、そこで撮れたこと、感じたことから社会に訴えるものを作りたいと伝えました。

ちなみに「ヤクザと憲法」というタイトルは最終的な編集段階でようやく決まったぐらいですから、こういうようなタイトルにしたいとも言っていませんし、番組の方向性なども当然言っていません。もしかしたら川口会長の意に反するようなものになるかもしれない、とも伝えてありました。

「日常」を取材するということ

藤井　日常を撮るということは、組事務所のなかに「居る」ということですよね？

土方　そうです。午前一〇時すぎに責任者の人が来るのに合わせて事務所に入ります。そのまま居て、カメラを回します。で、責任者の人が帰る午後五時ぐらいになると宿に帰るというパターンです。携帯電話の時代になりましたから、いわゆる事務所の電話番というのもほとんど機能しないというか、いらないんですね。だから、事務所に組員の人たちが来てもやることがあまりなくて、Vシネ観たり、世間話をしているんです。カネがないっていうような愚痴みたいな話が多かったです。

でも、本当にカネがないということは、わかりました。覚醒剤の値段も下落していると聞きましたし、それを「半グレ」とかを使って売るのではなく、組員自らが売りにいっているようです。それでは逮捕されるリスクとのバランスがとれないですよね。下っ端がやるんじゃなく、自分でリスクの高い仕事をやるぐらい困窮している。組幹部でも休日は家にいると言っていました。外に出るとカネを使うから。

藤井　大阪府警のガサ入れシーンが撮れたのは、やはり長期間密着していたからですね。

土方　毎日、事務所に通っていましたので。ある事件で組員が逮捕されたあとでしたから、警察が家宅捜索に絶対に来ると思って張っていたんです。どんな微細な事件でも、暴力団がらみだと警察はガサに入る。大きなカメラは外で、僕はデジカメ持って、事務所のなかでジャージ姿で待っていました。警察担当の記者時代に張り込みはトレーニングされていました。

藤井　組事務所に毎日居るのは退屈でなかったですか。

土方　もう空気のようになったんです。日常を撮ることを理解・許容してくれたということは、つまり、そのまま放っておかれるということです。僕らが来ることについて、組長が取材をすることをオーケーしたなら、ほかの組員の人たちにはなんの疑問もなくなる。強烈な縦社会だから、親分の了解は絶対なんですね。逆に、了解さえ得ておけば、それほど気を使わなくても大丈夫でした。最初は「事務所のなかだけ」ということで始めましたが、取材をはじめたら、組員の親族の葬儀に川口会長が連れていこうとするなど、気を使ってくれました。

藤井　「こういうことは取材してほしい」という要望は、向こうからはありましたか。

土方　子どもの給食費が銀行口座から引き落とせないというような、子どもへの差別の話です。「幼稚園問題」というふうに彼は言っていました。つまり、幼稚園の給食費が引き落としなのに、銀行口座をヤクザは作れない。口座から引き落とせないと現金で持っていかなくてはならない。だから、ヤクザの子どもだとわかってしまう。すると、子どもの社会で問題が起こる。「それって、人間として扱われていないということだろう」と。また、「本人と妻は、ヤクザとして社会から疎まれたり差別されるのは引き受けるにしても、子どもまで差別されるのはおかしくないか」と言うのです。子どもは、生まれたくてヤクザの子として生まれてきたわけではないというのが彼らの言い分でした。

藤井　そういう実例があちこちから寄せられていて、川口会長がそのデータを見ているシーンがありましたね。

土方　僕たちも「差別」には関心があり、実例を撮ろうと思っていろいろトライしました。川口会長も組を越えていろいろな団体に連絡してくれましたが、結局、取材を受けてくれるところはありませんでした。テレビに出て目立つと警察に目を付けられて、なにかで捕まるかもしれないというのが理由でした。ヤクザですから、なんらかのイリーガルなことをやっていて、すねに傷は持っているから、警察はいつでも逮捕できるわけです。だから、テレビに出るのは勘弁してほしいと。

警察は、やろうと思えばどんな容疑でも逮捕できるということは、川口会長に何度も言われました。

取材して映像に刻みこむ側の苦悩

土方　じつは、テレビ番組から劇場版にするまでに、二代目東組二代目清勇会と少々モメたんです。映画にするときに、「清勇会から家宅捜索のシーンに配慮をしてほしい」と言われ、こちらは「それはできない」と返し、二進も三進もいかなくなったときがありました。それ以前に、僕たちのところに大阪府警から「テレビ番組についていろいろお聞きしたい」という電話があり、「それは事情聴取であり、放送への事後検閲なのでお断りする」と返答していました。放送からずいぶん時間がたっていたので、とても変な感じで、これは映画化へのプレッシャーだと直感しました。それが巡り巡って清勇会からのボールに変わったのだな、と。若頭も大変だったと思いますが、一時は本当に怒号の連続でしたね。

藤井　それはたいへんでしたね。警察に神経質なくらいに気をつかうのは、やはりヤクザにとっては警察に目を付けられることが死活問題に関わるからですね。

土方　そうです。それは取材する側もそうで、関西のヤクザを取り上げたのは結果的によかった。もし、愛知県のヤクザを取り上げていたら、東海テレビと愛知県警が直接衝突する可能性もあった。おそらく記者クラブに、県警からなんらかのアクションがあるでしょう。県警からの情報が制限されるとか……。

藤井　登場する二〇歳そこそこの若い住み込み組員は、実話系雑誌に載った川口会長と作家の宮崎学さんの対談を読んで、感銘を受けてヤクザの門を叩いたそうですね。宮崎さんの『突破者』（新潮文庫）のファンだった。僕はその対談も読みました。

つまり、学校をふくめて日本社会は自分と違った「異質」な人を排除する息苦しい社会で、ヤクザの世界はそうじゃない。だから、そこに理想的なものを見いだしてやってきたわけです。そうやってヤクザに憧れる青年は、登場人物としてすごく重要だと思いました。現代をあらわしているというか。

土方　最初から「この子からは目がはなせないぞ」と思っていました。いまふうの問題を孕んだ青年で、現代のドロップアウトです。引きこもりの経験があり、いじめられっ子でした。宮崎学さんの信奉者で、本のムシ。学校や一般社会では冷遇されていて、ある意味ではＩＳ（イスラム国）に入る若者と同じような感覚で組に入ってきたのかもしれません。

だから、「ヤクザになって初めて生きている実感を得た」と語っていました。先輩組員のような「ワル」ではありませんが、やはり同じはぐれ者ではあります。ドロップアウトした者同士が集まる組事務所に「居場所」のようなものを感じていたのでしょう。彼のようなタイプは業界でもレアケースでしょうが……。

川口会長の彼に対する扱い方がおもしろい。組は彼を食わしているわけですが、もともと一九歳でヤクザになりたいと彼はやって来て、まだ未成年だから二〇歳になったらおいでと言って、いったん返した。それで二〇歳になったら、彼はまた二代目東組の本家にやってきた。組は、彼の親に連絡しているようでした。「おたくの子どもが入りたいと言って来ているけど、いいんでしょうか」って。親は中流家庭のごく普通の家のようでした。

しかし、彼は名古屋でコンビニ強盗を犯しました。去年（二〇一五年）の五月ぐらいのことで、テレビ放送が終わり映画化する前のことです。名古屋での事件ですから、僕らは、彼が送検されるところを取材しました。映画にこのシーンを盛り込むか、悩みました。

彼は、組を破門されていましたし、川口会長はなにも言いませんでした。劇場版の編集第一稿にそのシーンを入れてモニターしてみました。衝撃的な展開でした。しかし、作品本意でいいのか。私たちには報道という根っ子があるんですね。ヤクザとしての彼は許容できるが、犯罪を犯した彼を映画に焼き付けるべきではないと。それがプロデューサーの最終的な意向でした。
ほかのヤクザはヤクザとして生きていく覚悟があるけれど、彼はまだ二一歳。これからカタギの世界に戻る可能性もある。組からの破門状も取り寄せて撮りましたが、堅気に迷惑をかけた彼の犯罪はヤクザとして恥ずべきことだったわけです。とはいえ、破門に留めている。出所したらめんどうを見てやるような組の懐の深さを感じましたね。社会から落ちこぼれ、組の世話になり、しかしその組からも落ちてしまう。彼の逮捕を聞いたときは、あまりの絶望感に声も出ませんでした。

藤井　観る側としては、そのシーンも見たかったという思いがあります。しかし、それは破門された彼の声が撮れたら、の話ですね。なぜ名古屋までいってコンビニ強盗をやったのか。いまはなにを考えているのか。ヤクザの世界に戻る気持ちはあるのか。ちなみに、破門状は絶縁状ではないので、組に戻ることも不可能ではないはずです。

土方　川口会長に関しては、こんなエピソードもありました。彼がクルマを運転しているときに、カメラの前でケガをした鳥を助けたんです。傷ついた鳥を動物病院に届けた。それまでの撮影で彼の人間的な部分に触れることができなかったので、僕は使いたかった。会心の映像が撮れたと興奮しました。でも、編集マンは冷静で、「川口会長が優しい人かどうかは、今回のテーマとは関係ないよね」と反対されて使いませんでした。編集マンとは、このドキュメンタリーの意図を共有しているし、一歩引いたところから見てくれるから、そう言ってくれたのだと理解しています。
取材現場では僕がディレクターですが、カメラマンも「もうひとりのディレクター」みたいな存在になる。取材現場でも編集室でも喧々諤々《けんけんがくがく》のやり取りがありました。少人数で密着で取材すると、スタッフのあいだでも緊張感のあるいい関係が生まれました。

藤井 そういえば、先ほどから触れている住み込みの若者を若頭がぶんなぐる「音」が録れていますね。

土方 組事務所の別室に住み込みの若者が呼ばれ、ガタガタとモノがぶつかるような音や、若頭の罵声が聞こえてきた。取材中、日常では恐怖をまったく感じませんでしたが、あそこだけは「ヤクザって怖いな」と思いました。

ヤクザと社会とこれからの時代

土方 川口会長も近隣住民に気を使っていて、「入れ墨を出したまま歩くな」とか「駐車違反するな」とか、よく組員に言ってました。地域から嫌われたらヤクザはやっていけない。そういう意識を感じましたね。住民から本気で出て行けと言われたら、おしまいですから。取材に入る前は、地域とのつながりなんてパフォーマンスじゃないかと思っていましたが、彼らは本気でやっていた。

藤井 元プロ野球選手の清原和博《きよはらかずひろ》が起こした覚醒剤事件みたいに、自分からヤクザ世界へ寄っていくパターンもありますね。人にはヤクザに憧れる意識があるということなのでしょうか？

土方 そのあたりは意識しました。日本社会から失われつつある濃い人間関係、たとえば親戚付き合いとか血縁とか、そういうものの究極のバージョンじゃないですか、ヤクザ社会というものは。強烈な縦社会で、男は強くなきゃならない。とはいえ、そんなヤクザが社会のなかから消えようとしている。だから、記録映像としても撮っておきたかった。

僕自身としては、ヤクザがこうなればいいという考えはないんです。なくなればいいのか、あったほうがいいのか、わかりません。

藤井　これは日本のヤクザ発祥の話として、あるいは肯定論としてずっと言われていることですが、はぐれ者やアウトロー、被差別者など社会から排除された人たちの受け皿として機能してきた部分があり、そういう歴史があったのはまちがいないと思います。

土方　いまの日本社会は、ヤクザを受け入れる余裕がないと思います。アウトローの子どもは、ヤクザ社会で「生き方」も教わるわけです。たとえば電話の受け応えから、礼儀とかさまざまなこと。

取材中は、ほうぼうのヤクザから「マスコミはヤクザに関わらないでほしい」とか「放っておいてくれよ」という声を聞きました。世間や警察がうるさいと。ヤクザが表に出ることは得もないし、リスクしかないというのが現状なわけです。

世の中になるべく認知されないことを望んでいたら、組の代紋をかかげて存在する意義がないでしょう。ヤクザはなくならないと言う見方もありますが、いまは過渡期だと思います。

物事を逆から見てやろうという気持ちはない

藤井　給食費の話題に話を戻しましょう。義務教育のなかで給食費を支払う場合、銀行口座からの引き落とししか認められない。そのことが原因で、ヤクザの子どもが嫌な思いをしている話が映画のなかで出てきます。

土方　川口会長が給食問題のことを取り上げてほしいと言っていたことはお話しましたが、まず、ヤクザやその家族にはそういう日常や生活レベルの問題がある。そして、調べていくと、法律に定められている権利や憲法の人権がないがしろにされているという話が出てきた。本当は人権などと言いたくないが、やむをえず自分らは人権という概念を盾にとって、問題を解決するように声を上げるんだ、と川口会長は言っていました。

藤井　劇場版『ヤクザと憲法』は、当の組の人たちは観たんですか。

土方　観たと思います。一応、大阪で上映する際に、ちゃんとあいさつはしてきましたけど、そのときに川口会長から「『ええ味出てる』ってよその組のモンが言ってたで」と言われました。とくに幼稚園の話（給食費引き落としの話）は、入れてくれてよかったと言ってましたね。いずれにしても、彼らは感想を言葉にするタイプの人たちではないです。気恥ずかしいのかもしれません。

藤井　土方さんや東海テレビに対する、視聴者からのバッシングはなかったですか？　ヤクザを称賛しているとか。

土方　制作陣への批判があることは、最初は想定していました。ですが、番組に寄せられた感想は、むしろそれまで作ったドキュメンタリーよりも批判的なものは少なくて、知らない世界を見せてくれたという感想が多くありました。見たことのない世界ですから。うれしいことに、東海テレビのエリアのみなさんは、「東海テレビのドキュメンタリーは、心して観よう」と思ってくれている人が多いような気がします。

藤井　映画館にもお客さんがたくさん来ている。劇場で公開されてから山口組の分裂があったから、タイミング的に関心を呼んだというのもありますね。

土方　たくさんの方が観てくれているのは、たしかにうれしいことです。しかし、それはあまり意識していません。あくまでも、結果的にたくさんお客さんが入ってくれたらうれしいなという程度です。「お客が入る作品を作らないとダメ」というようになると、逆算して強いシーンを優先的に使ったり、わかりやすいストーリーにしようということになりかねません。それでは、本当に撮りたいドキュメンタリーが撮れません。その意味では、観客動員や賞といった「結果」にとらわれないいまの環境に感謝しています。

　基本的には、自分が対象に強烈な興味があって、その先にもしかしたら「社会」が見えてくるかもしれないという予感で、いつも取材がスタートします。個人的な興味が先で、極端なことを言えば社会が受け入れてくれるかどうかは二の次です。そんなふうにドキュメンタリーをやっている僕は、業界でも会社でもマイノリティかもしれませんが、僕みたいな人間もいてもいいだろうという気持ちを持ちながら、仕事をしています。

理論武装した「暴排条例」

藤井　ヤクザを取材したり交流するにあたって、彼らと食事をしたり酒を飲んだりする際、支払いをどうするのかという問題には悩みます。僕の近刊『沖縄アンダーグラウンド』（二〇一七年内に刊行予定）では、アメリカ占領下の沖縄の売買春街の歴史と内実について書いたノンフィクションですが、取材で地元ヤクザのところに行くことも多かった。そうすると、「そのうちに飯でも」という話になります。実際に行ったのは安いチェーン店の個室でした。ヤクザがトイレに行ったときに払おうとすると、すでに支払いはすませてあって僕は払えない……。そんなこともありました。

土方　通常のドキュメンタリーでは、相手の懐に飛び込むような取材が必須で、いっしょに飯を食ったり、お土産を持っていったりするものです。とはいえ、暴排条例があり、ヤクザに対してはそれができない。たこ焼きをごちそうになりそうになったときがありましたが、「このたこ焼きを食べていいのか？」「条例に抵触するのではないか？」と悩みました。もし食べなければ、「俺たちの気持ちなのに、なぜ食べられないんだ？」ということになります。押し問答の末、代金の半分はキッチリと払いました。このときのやりとりも撮影をしています。編集で落としてしまいましたが。

食事には、一緒に行ったことがあります。組員の出所祝いを居酒屋でやったときのことです。取材に行くと僕らの飯も用意してあって、とりあえず食いました。しかし、僕らの分だけ先に払って帰りました。

藤井 これもプロデューサーの発言ですが、かなり暴排条例について理論武装をしたと語られてますね。

メディアもまた暴排条例下にあるわけです。たとえば番組のナレーターを誰かにお願いする時、契約書に、「反社会勢力との交流があった場合には、契約を一方的に解除します」といった条項が入っている。無意識のうちに社会がそうなっています。暴排条例の解釈次第では、そもそも取材することはどうなんだという話にもなる。報道が暴力団を持ち上げているという判断をされれば、違法ということで検挙に持っていくこともできるわけです。このことに関しては、暴対法や暴排条例をウォッチドッグ（監視）する役目があるだろうと理論武装しました。（マイナビニュース、二〇一六年一月一日）

土方 そういう配慮は、プロデューサーに感謝をしていますし、僕らも非常に気を使いました。たとえば、新年に親分が酒を配ってくれたときには、忘れたふりをして置いて帰りました。「取材をしているくせに、そんなことをするのはヤクザに対する差別じゃないか」と言われると、返す言葉がありません。また、組員からは「親分に恥かかす気か！」と怒られたりします。
どうしてもヤクザと一緒に飯を食うときは、とりあえずその場では払ってもらい、あとで僕らの分の代金を受け取ってもらいました。受け取ってもらわないと組長に迷惑がかかるから、と説得したのです。
マスコミにはマスコミのルールがあるということで納得してもらうわけですが、そのあたりを曖昧《あいまい》にしてしまうと最終的に放送の妨げになってしまう。トップである川口会長には、そのことをわかってもらいました。ヤクザとマスコミの関係性は、警察からもっとも付けこまれる部分なので。
藤井　そのうちヤクザは新幹線に乗れなくなるなど、警察は彼らの移動の自由すら奪うかもしれない。警察庁はそう考えていると思います。
土方　追い詰められたらマフィア化してしまう、というような空気を、取材していて感じました。ヤクザをやめても、すぐにはほかの生業にはつけないのですから。
藤井　それでも彼らがヤクザであり続ける理由のようなことは考えましたか。
土方　僕は、彼らの疑似家族的なつながりの強さをなによりも感じました。経済的なつながりよりも、社会からドロップアウトした人間同士の居場所やつながりが、彼らにとって必要なんだと。どの組も同じ状況なのかはわかりませんが、取材した組からは本気でそれを感じました。俺たちは世の中に受け入れられないからここにいる。そのうえ、この家族的なつながりを引き裂くのか、ということです。
藤井　最後のほうで川口会長が、「どこが自分たちを受け入れてくれるんや」みたいなことをつぶやくシーンが印象的です。

土方　だからこそ、自分たちで受け皿を作るしかないのであり、疑似家族という存在として世間に認めてほしい、ということではないでしょうか。ヤクザは犯罪集団ということで糾弾され、追い詰められ、解体されていこうとしていますが、世間からはじかれた人たちが家族的なつながりを保つ場所として、なんらかの受け皿もないまま、ばらばらにしてしまうのはどうかと僕は感じました。

藤井　なぜ日本でヤクザが生まれてきて、ある意味で社会と「共存」してきたのかということを、あらためて考えました。戦後の激動期のなかでの差別や貧困などが、「必要悪」として彼らを生み出していったという見方は、たしかにそうだと思います。

土方　差別や貧困によって、そういう世界でしか生きられなかった人たちの事情は、想像以上のものがあると思いました。いま「ヤメ暴」（食えなくて暴力団を辞める現象）みたいなことが言われていますが、取材した二代目東組は疑似家族的なものがすごく強いので、そういう問題は起きないと思いましたね。

目の前で起きていることを感じようと思った

藤井　共同通信の記者だった故・斎藤茂男《さいとうしげお》さんの著作に『事実が私を鍛える』（太郎次郎社エディタス）というのがあって、若いときから読んできました。そのタイトル通り、取材で遭遇する厳然たる、あるいは冷酷な、あるいは理不尽きわまりないない人間の関わる「事実」に自分が向き合って行くことによって、取材者はうろたえながら心身ともに鍛えられていく。記者の在り方を、そのように説かれています。取材は事実のほうへ自分から向かって行って、なにかを得るというより、自分が変えられるというか、学んでいくものだと僕は思ってますが、土方さんは取材のたびになにかそういう実感はありますか。

土方　「事実が鍛える」ということと直接つながるかどうかはわかりませんが、なるべく取材中は目の前で起きていることを「感じよう」と意識しています。

部屋住みの若者の話ではありませんが、僕たちテレビの人間は、自分の思惑と異なる現象が目の前で起きたときに、とかく「排除」したがります。見て見ぬふりをしたり、都合のよいように解釈したり、なんとかして辻褄《つじつま》が合うように仕立てなければならないという強迫観念のようなものがあるんです。おそらく根底に、視聴者にわかりやすく伝えなければならないというテレビマンのクセのようなものがあると思うんですが、ことドキュメンタリーの取材では、そういった「思考優先」の臨み方がアダになります。想像したもの以上の結果が生まれないという予定調和の作品になってしまうからです。

まずは、目の前で起きていることを感じる。そして、その瞬間に自分のなかで生まれた感情を大事にしようと。それがもしかしたら「事実と向き合う」ということになるのかもしれません。解釈はあとでいいんじゃないでしょうか。ありがたいことに僕たちは十分に時間をかけて作品に向き合う環境に身を置いています。極端なことをいえば、ひと通り撮り終えて、編集時に「このシーンは、なにを意味しているんだろう」と編集マンと考えても十分に間に合うんです。これは時間との戦いであるニュースではむずかしいことで、とてもぜいたくなことだと思います。

また、「テーマ」や「オチ」といった、テレビ的に求められる要素も、もちろんあればあるに越したことはありませんが、ないならないで、それでもよいと割り切っています。

この作品の前に「ホームレス理事長」というドロップアウトした元高校球児たちを救おうとするNPO法人の理事長を追ったドキュメンタリーを手掛けたんですが、いくら取材しても理事長がNPOを立ち上げた理由が見つかりませんでした。本人を問い詰めてもあやふやな答えしか出てこなくて、ずいぶん歯噛みしました。普通であれば、なぜその取り組みを始めたかという「きっかけ」は、必須の要素です。でも、最終的にスタッフで話し合って「物事を始めるのに、きっかけがかならずしもあるとは限らないのではないか」とまとまり、無理に入れることはしませんでした。

ファインダーの向こうで繰り広げられる人間ドラマを、お芝居を最前列で見ている観客のような感覚でかぶりついて見ていようというのが、いまの僕たちの基本姿勢です。

プロデューサーがよく「取材中は漂え」と言っていますが、水に浮かぶフロートのようにフワフワと現場で漂い、肩の力を抜いて、合気道のように取材相手の力を借りて作品を作っていく。そんなスタイルが東海テレビの独特のやり方になりつつあるんじゃないでしょうか。

藤井　いま土方さんは新しいドキュメンタリーの取材を始められていると思いますが、どうしてドキュメンタリーを撮るという行為に駆られるのですか。テーマによって違う個別的な動機というより、ドキュメンタリーへと自分を突きうごかすもの、といったらいいのかな。

土方　特別な思いに駆られてとか、なにかに突きうごかされてという感じではありません。あくまでも、日々の生活のなかで気になったことをもっとくわしく知りたいという、漠然とした興味がスタートのきっかけになっているように思います。

社会に対する憤りや理想というものが根底にないというのは、ドキュメンタリーに携わるものとして不適格なのかと思ったときもありましたが、最近では長い期間をかけて漂いながら撮るという東海テレビのスタイルには合っていると考えるようになりました。

むしろ、理念や大義だけで作品を作っていくという行為に、最近ではどこか危うさも感じます。自分の思いが強すぎることで「～に違いない」「～でないと受け入れられない」と体がこわばり、都合の悪いものを切り捨てたり、過度な演出を持ち込もうとしてしまいかねません。それが、いまのテレビが視聴者にそっぽを向かれ始めている理由のひとつにもなっているんじゃないでしょうか。

メディアの人間、とくにドキュメンタリーをやっているなんていうと、高邁な理想に燃える正義の人というイメージでしょうが、実際はそうじゃない。悩んだりサボったり、ビクビクしながら取材をしています。でも、もしなにか共通して流れるテーマを探すとするならば、取材対象に対し、根底に「それでも（彼らも）同じ人間だ」という思いがあるのかもしれません。

一〇〇日以上の取材をしていると、一般的に「悪」や「敵」とされる人たちにも、どこかしら愛すべき部分が見えてきます。それは取材者であるわれわれと同じ人間臭さであり、それが見えた瞬間に彼らを突きはなすことができなくなるんです。異分子だと思っていた存在に自分と同じところがあるというのは、見たくない事実かもしれませんが、その事実を提示することで、見た人たちのなかでなにかが変わってくれてばいいいな、という思いで作っています。

（おわり）

私が影響を受けた一〇作品

『観ずに死ねるか！　傑作ドキュメンタリー88』（鉄人社）
文化人やタレントなどドキュメンタリー好きな七三人が選んだ〝極私的〟作品論。取材期間中、この本に載っているドキュメンタリーをＤＶＤで片っ端から借りて制作スタッフで鑑賞した。

石川文洋著『日本縦断　徒歩の旅――65歳の挑戦』（岩波新書）
戦場カメラマンの石川文洋さんが北海道から沖縄までを歩く旅行記。日本縦断というタイトルから想像できないほどあっさりした動機や道程。気負わず、起こることを受け入れるという石川さんの取材スタイルがそのままあらわれている。

中村高寛監督『ヨコハマメリー』〈映画〉
かつて横浜にいた伝説の娼婦の足跡を追ったドキュメンタリー。都市伝説の検証番組のような興味本位の出だしが、最後は街と人間の生き様にたどり着く。筋書きを決めずに撮影したからこそできた発見の連続で、まるで自分が取材したかのように興奮した。

藤岡利充監督『立候補』〈映画〉
選挙に立候補した「泡沫候補」たちを取材。「ドキュメンタリーがエンターテインメントして、何が悪い」というサブタイトル通り、笑いを意識した編集やオシャレなスーパーなど凝った演出が随所に見られる。ドキュメンタリーは真面目なもんだという〝常識〟を確信犯的に裏切っているのが爽快。マック赤坂をはじめとした個性派候補者たちの〝どんでもキャラ〟で押し切るかと思いきや、最後にまさにドキュメンタリーというシーンが待っている。

カンパニー松尾監督『劇場版 テレクラキャノンボール』〈映画〉
ＡＶ監督のカンパニー松尾が撮影した「ナンパ」ドキュメンタリー。クチコミで大評判というので映画館に観にいってみたら、若い人たちでいっぱい。笑いや照れといった感情を観客同士で共有する稀有なドキュメンタリー。人間の馬鹿馬鹿しさと愛しさが詰まった作品。

原一男監督『ゆきゆきて、神軍』〈映画〉

森達也監督の『A』と並ぶ伝説的ドキュメンタリー。アナーキスト奥崎謙三が第二次大戦中に起きた事件の真相を突きとめる。カメラの前でいきなり摑み合いが始まったり、堂々と身分を偽ったりと、カメラの前で起きていることが信じられない破天荒すぎる作品。取材対象に恵まれたからとか、いまの環境ではこんなリスキーな作品は撮れないとか、観たあとに思わず言い訳したくなる。

バンクシー監督『イグジット・スルー・ザ・ギフトショップ　EXIT THROUGH THE GIFTSHOP』〈映画〉

海外ドキュメンタリー。有名なグラフィティアーティストのバンクシーが監督。いつの間にか撮る側と撮られる側の立場が逆転し、最後は皮肉たっぷりの結末に。海外のドキュメンタリーは主張がわかりやすいイメージだが、この作品は観ている側に考えさせる作り。

ジョシュア・オッペンハイマー監督『アクト・オブ・キリング』〈映画〉

一九六〇年代のインドネシアで行われた大量虐殺の「実行者」たちへのインタビュー。悪びれもせず殺害方法をカメラの前で再現する取材対象に戦慄した。よくこんな作品を発表して、取材後に命を狙われなかったと不思議に思える。

綿井健陽監督『イラク チグリスに浮かぶ平和』〈映画〉

ジャーナリストの綿井健陽さんが戦火の日常を生きるイラクの人々を描いたドキュメンタリー。美しい風景や、家族の微笑ましい日々の暮らしなど、戦争を描いた作品ではあまり見ることのできないシーンが溢れている。普段、カメラを向けられる側から見た世界は、ニュースで知るイラクとはまったく違う。視点を変えるとまったく違う光景があることを知る。もしかしたら、メディアはとんでもない「演出」に手を貸しているのでは、とゾッとした。

『山田孝之の東京都北区赤羽』〈ドラマ〉

俳優の山田孝之が赤羽の街に実際に暮らす様子をリアルに描くテレビ東京のドキュメンタリードラマ。どこからが演出でどこからがリアルなのか、観終わったあとにいろんな人と話して確かめたくなる。ドキュメンタリー出身の松江哲明監督と劇映画の山下敦弘監督のタッグは、いままでにない新しいジャンルを開拓している。

森達也

取材とはつねに残酷で私的なものである

藤井誠二

森　達也（モリ・タツヤ）

一九五六年、広島県呉市生まれ。映画監督、作家。明治大学情報コミュニケーション学部特任教授。テレビ・ドキュメンタリー作品を数多く制作。一九九八年、オウム真理教の現役信者を被写体とした自主制作ドキュメンタリー映画『A』を公開。ベルリン映画祭に正式招待され、海外でも高い評価を受ける。二〇〇一年、映画『A2』を公開し、山形国際ドキュメンタリー映画祭で特別賞・市民賞を受賞する。著書に第三三回講談社ノンフィクション賞を受賞した『A3』（集英社文庫）、『下山事件』、『東京番外地』（以上、新潮文庫）、『オカルト』、『死刑』『クォン・デ』（以上、角川文庫）『すべての戦争は自衛意識から始まる』（ダイヤモンド社）、『私たちはどこから来て、どこへ行くのか』（筑摩書房）、『「テロに屈するな！」に屈するな』（岩波ブックレット）、『放送禁止歌』（知恵の森文庫）など多数。二〇一六年、ドキュメンタリー映画『FAKE』を公開。

興味以前に、「彼」について知らなかった

藤井　森さんが監督した映画『ＦＡＫＥ』を観てまず思ったこと。それは、いわゆる佐村河内《さむらごうち》守《まもる》スキャンダルが発覚した当時から、ずっと世の中が興味を持っていたであろう「佐村河内さんの耳は、本当は聴こえているのではないか」とか、いろいろと「嘘をついているのではないか」ということがどうでもよくなったということです。

　映画については、「結局、聴こえていた」と森さんがオチをつけるのではないか。そう予測して観ている人が多かったと思う。映画のなかで海外メディアの記者も、そのことをしつこく訊いています。でも、僕は不思議と映画を観ながら、その部分の好奇心がどんどん削げていくような感覚を得ました。

森　それはうれしい感想です。というか、撮影中の僕自身の感覚が、まさしく同じ過程をたどりましたから。

藤井　佐村河内ブームというか、各メディアが彼を大賞賛しているとき、森さんは彼を知っていたとは思うのだけれど、そのときは興味はなかったのですか？　また、ノンフィクション作家の神山《こうやま》典士《のりお》さんが「週刊文春」（文藝春秋）で記事にして、スキャンダルになったときも、興味はなかったんですか？

森　興味以前に、そもそも彼について知らなかった。神山さんが佐村河内さんについて書いた「週

刊文春」の記事も、リアルタイムでは読んでいない。さすがに記者会見のときは、こんな人がいたのかと思っていたけれど、それ以上でも以下でもない。もちろんこの時点で、彼がブレイクしたきっかけになったというNHKスペシャル「魂の旋律――音を失った作曲家――」(二〇一三年三月三一日放映)も観ていないです。

藤井 聴力がないのに作曲ができる「超天才」みたいに扱われて、NHKをはじめとするマスコミが目を付けた。そうやって騒がれてからも、彼のうさん臭さとか、盛り立てるマスコミに対する気持ち悪さなどを感じなかったのですか。

森 それすらもなかった。連載していた月刊誌「創」のコラムでこの時期に少しだけ触れたけれど、それも彼自身への興味があったわけではなくて、メディアの騒動について書いています。でも二〇一四年八月に、それまで面識のなかったカドカワの編集者である佐藤正海《さとうまさみ》さんから、佐村河内さんを取材しないかとの依頼の電話があった。彼はそれまで何度も佐村河内さんに会っていて、多くのメディアの主張は一方的で事実とはかなり違うという感触を持っていた。だから、ぜひ佐村河内さんを取材した本を書いてほしいとのオファーです。

最初は断りました。けっこう忙しい時期だったし、やっぱり興味も持てないし。でも、佐藤さんは非常に熱心に何度も連絡をくれたので、じゃあ一回だけ本人に会って話を聞きましょうか、ということになった。この時点で佐村河内さんもまだ正式に本については了解していなかったと思います。そのレベルで会いに行って、のちに映画の舞台となるあの部屋で二時間くらい、話をしました。基本的には彼の訴えを聞くだけですね。しかし、聞きながら、なんとなくムズムズと「映像にしたい」という感じになってきた。

「佐村河内守」はメタファーになると思った

藤井　そのムズムズとする感じって、僕にはなんとなくわかる。でも、言葉にするのはむずかしいですね。

森　映画を観てくれた人には、そのムズムズ感がなんとなくわかると思う。薄暗い部屋のなかに彼と猫がいて、奥さんが一生懸命に手話で通訳をしている。窓を開けてベランダに出れば、すぐ真下を電車が走っている。……そのすべてが映像向け、すなわちフォトジェニックなんです。佐村河内守は現状のメディア状況のメタファーになると思った。そしてメディアとは社会の合わせ鏡でもあるから、まさしくいまの日本社会のメタファーであると言い換えることもできる。まあ初めて会ったこのとき、そこまで明確に言語化はできていなかったと思うけれど。

藤井　フォトジェニックだったのは、佐村河内守というキャラクターですか？　それとも彼をふくめた部屋の様子やベランダからの風景全体ですか？

森　すべてです。佐村河内さん自身も、ハンサムという意味ではないけれど、画になる男だと思いました。彼と妻が暮らす部屋という空間も画になるし。ほとんど外には出ないと聞いたから、もしも撮るのなら、ほぼ密室のドキュメンタリーになるけれど、それはそれでやってみる価値があるかなという気分になってきて……。

だから、話を聞き終えてから、「あなたを映像に撮りたい」と切り出しました。そういえばこのとき、彼も僕の本を読んでいたとの話は聞きました。

藤井　佐村河内さんは、森さんの著作の読者だったんですね。もちろん、編集者から事前に「森さんでいく」というふうに知らせてあったのだろうけど。どの本ですか？

森　『それでもドキュメンタリーは嘘をつく』（角川文庫）。なんでよりによってその本を選ぶんだよと思ったけれど。

藤井　おもしろいなぁ。その場で佐村河内さんはオーケーを出したんですか。

森　びっくりしていました。まあ当然ですよね。本についても思案中だったのに、いきなり映画と言われて驚かないはずがない。とくに彼の奥さんが、自分が映ることは絶対にダメだという感じだった。そういえばこのときだったか二回目だったたか、「あなたの名誉回復をするつもりはさらさらない。自分の映画のためにあなたを利用する」と言いました。なんでそんなこと言ってしまったのかわからないけれど、言わなくちゃいけないというような気分だったので。でも「被写体になってくれ」と依頼しながら「あなたを利用する」ですから、彼も奥さんも驚いたと思う。頭がおかしいと思われたんじゃないかな。

そのあとにもう一回訪ねて、その間に何度もメールでやりとりなどもして、なし崩し的にＯＫしてもらった感じです。

藤井　ですが、佐村河内さんは森さんの読者だったわけだから、ある程度は森さん独自のスタンスを「理解」していたと思いますよ。それにしても、佐村河内さんとの面会をセッティングをした編集者にしてみれば、森さんのその発言はショックですよね。結局、佐村河内さんを「本」にすることも流れてしまったのですか。

森　最初に映画を撮りたいと僕が言いだしたとき、佐藤さんは隣に座っていたけれど、呆然としていました。当然だよね。その日の帰り道で、「俺はなにをしに来たのでしょうか」とぼやいていました。じつは撮影が始まってから、彼のシーンも撮ったのだけど、ばっさりカットしちゃった。とにかく衝動的なので、いろいろ申し訳ないことばかりしています。

藤井　普通は、メディアで関心を持って撮りたいと思い、いろいろリサーチをしたり調査をして、コンテを作ったり仮説を立てたりしてから撮影を始める。そういったことをまったくしないのが、森さんのスタイルですよね。

森　スタイルというわけではありません。それがよいと思っているわけでもない。いい歳しながら思慮が浅く、恥ずかしいと思っています。

藤井　歳は関係ないですよ。

森　若いときは刹那的でもいいけれど、もう歳を取ったのだから、ちゃんと理論的にやるべきでしょう。

だから一応のロジックとして、なぜ『FAKE』を撮ったのかとよく質問されるので、問題を安易に二元化する世相に違和感があった、と答えてますね。でも撮った理由としては後付けかもしれない。まあ、なんとなくはあったのかな。

藤井　物事をなんでも善と悪に分ける。しかし、現実にはもっとグラデーションがある。複雑というか、わかりにくい構造がかならずあるものです。

森　メディアはわかりやすく単純化しすぎる。それはずっと前から感じていたし、たとえば『それでもドキュメンタリーは嘘をつく』でも、繰り返し書いていたはずです。だからその意味では、二分化への抗いは映画を撮った後付けの理由でもあるし、自分のテーマに佐村河内現象を引き寄せたとも言えるのかな。だから「あなたを利用します」と言っておきたくなったのかもしれない。

いずれにせよ、佐村河内騒動の少し前には、食品偽装問題でメディアは大騒ぎしていた。そして同時期には、STAP細胞問題、少しあとには「朝日新聞」の従軍慰安婦報道問題などが起きていました。もっと俗なところでは、ショーンKさんの経歴詐称問題やオリンピックのエンブレム問題などもふくめて、とにかく「真実」と「虚偽」が明快に二分されすぎていると感じていました。この場合の「真実」は「正義」でもあるし、「偽」は「悪」でもある。

現実はもっと複雑です。多面的で多重的で多層的。だからこそ豊かなんです。真偽や白黒や善悪で二分することでグラデーションが消えてしまう。この時期に日本全体がそうなりつつあるとは思っていたので、佐村河内さんを撮ることが豊かさを見直すフックになるという感覚があったのだと思う。

藤井　そういう取材対象との出合い方というのは、あると思う。ずっと前から世界はもっと豊かでもっと優しいという言い方を森さんはしていた。たとえば、死刑の問題もそうだし、オウムの問題もそうです。一種、自分のなかのイデオロギーじゃないけれど、信念のようなものを持っているとネタが勝手に寄ってくる。ある種の表現者と取材対象の意味のある偶然の一致、すなわち共時性みたいな感じです。

森　世界はもっと豊かだし人はもっと優しいというフレーズについては、実際には違うじゃないかと言われることがよくある。わかってるよ、そんなこと。だから「もっと」なのに。

信念と言われればちょっとたじろぐけれど、実際にそうだと思っています。世界はもっと豊かで人はもっと優しい。ところが、発達したメディアと流通する情報が、逆に世界を矮小化してしまう。それはずっと感じています。

ドキュメンタリーは化学反応

藤井　取材で撮影する場合、まず被写体のおもしろさに惹かれていくじゃないですか。森さんの場合はそうではないのですか？　まず最初に自分の考えがあって、その考えにはこの素材が当てはまると考えたりする？

森　そんなこと考えていないです。無意識にそうやっているかもしれないけれど。「おもしろいな」

とか「すてきだな」とか、順番としてはそちらが先。刹那的ですから。

藤井　佐村河内さんが感音性難聴《かんおんせいなんちょう》であることは医師から正式にペーパーも出ていたけれど、大半のメディアはそのあたりはなぜかスルーしましたね。それには違和感があった。一方で僕は神山さんが「週刊文春」で書いたルポの内容も腑に落ちた。白黒つけたい自分もいたと思う。どっちなんだと。自分たちは騙されているんじゃないかという気持ちもあった。そして、「事実」にはもっとグレーの部分がたくさんあるのは、本当なら当たり前のことだけれど、そういう感覚は忘れてしまっている自分にも気づきました。

森さんには、二元論に対する違和感が元からあった。しかし、佐村河内さんを取材をし始めたときには、まだその違和感と彼とが結びつくと思っていなかったわけですよね。彼がメタファーとしてぴったりだという感覚は、取材しながらどんどん高まっていく感じでしたか。

森　やりながら深まっていったことは確かです。とはいえ、どのへんからそれを思ったのかはわからない。無意識から始まっていますからね。撮りながら考えていった感じです。

藤井　佐村河内さんがキーボードを使って自分で曲を作っている最後のシーン——上映直後は「その一二分間については口外してはいけません」と箝口令《かんこうれい》がしかれていた——は、途中であのようにしようと考えたのですか。

森　途中では思わないです。本当にロケの終盤です。

藤井　鍵盤を叩いたりスイッチを押したりするなど、佐村河内さんがシンセサイザーをいじるシーンは、彼に頼んでやってもらったのですか。

森 僕は、なんの指示もしていない。

藤井 その前に森さんが、本当は「音楽、好きなのでしょう？」とかいろいろな振りがあるじゃないですか。そのあとにシンセサイザーをあの部屋に用意するわけですよね。あれは彼自身の意志だったのですか。

森 彼の意志です。もちろん、僕が「音楽やりなよ」と言ったことはきっかけのひとつだったと思うけれど、あのとき彼も、なぜ自分は作曲をしていないのだろうと思っていたはずです。シンセサイザーを買う用意もしていたと思う。だから僕が作曲に誘ったというよりも、ふたりの思いがシンクロしたというほうが正しい。

あのシーンに至る伏線を整理すると、まず京都に行って、聴覚障害者のカウンセラーから「音が聴こえなくても音楽は意味を持つ」という話を聞く。続いてアメリカのメディアによる取材があり、「なんで部屋にキーボードすらないのか」「作曲できる証拠はないのか」などと佐村河内が追求された。そうした場面を撮りながら、「そういえばこの人は、なんで音楽をやらないのだろう」という思いが少しずつ大きくなった。

藤井 佐村河内さんが音楽を作りだすシーンについては、演出というか、被写体に取材する側が積極的に介入するというか。極端に言うと「やらせ」だという人もいるでしょう。でも、ドキュメンタリーでも、活字でノンフィクションを取材するときも、取材する側とされる側でさまざまなことが起こるのも事実ですから。

森　ドキュンタリーの一般的な定義は、事実をありのままに脚色や演出もないまま撮った映像、ということになるようです。『広辞苑』（岩波書店）でもそのように書かれています。でも、それは違う。だってこの定義は、極端に言えば監視カメラの映像です。取材や撮影する側の意思が反映されていないのなら、少なくともそれは作品でもないし表現でもない。もしも『広辞苑』の定義どおりなら、僕が撮っても藤井さんが撮っても同じものになるはずです。客観的で公正で中立な映像です。そんなつまらないジャンルを仕事に選んだつもりはありません。僕は記録する人ではなくて、状況を演出して撮ったり書いたりする人です。

ドキュメンタリーにおける演出は、「化学反応」に似ていると思う。フラスコのなかに被写体を入れて、火であぶったり、ゆすったり、冷やしたりして刺激を与える。つまり、挑発や誘導をして、ときには撮影する側もフラスコのなかに入って、逆にこっちも刺激を受ける。その刺激が、次にこちらが被写体に与える刺激に影響を与える。つまり相互作用。……それがドキュメンタリーにおける演出です。それを「やらせ」と言うのなら、「勝手にそう言えば」と答えるくらいの反応しかできません。

藤井　化学反応という言い方は、僕もします。森さんの言う文脈とは少し違うかもしれないけど、目の前の圧倒的な現実や事実があって、それに対して取材する側がどう反応できるのか、言葉が出せるのか、質問を重ねていけるのか。そこで戸惑ったり、まちがった対応をしてしまったり、言葉を失ってしまったり。それが化学反応だと思っています。そして、作品にはその過程もきちんと書くし、表現に組み込む。つねに相手が「動」で、取材する側が「静」だというイメージではなにも動かないし、その前提はまちがっている。その逆もあるし、両方とも「動」であるというのが正しいのかもしれない。

森　挑発するつもりが逆に挑発し返されたり、誘導しているつもりがいつのまにか誘導されていたりすることもあります。どちらがマウントをとるかを争う格闘技に似ているかも。その相互作用を描くのが、僕のドキュメンタリーの定義です。中立とか客観性とかどうでもいい。そんなことに価値は置かない。というか中立で客観的な作品など存在しない。そもそもカメラが介在した瞬間に、ありのままの事実など撮れません。僕が撮れる現実は、つねにカメラの存在によって変化した現実です。

取材対象とどういう「関係」をつくるか、つくらないか

藤井　先ほど森さんが触れましたが、京都の聴覚障害者のカウンセラーを佐村河内さんと奥さんが訪ねるシーンがあります。あれは森さんがコーディネートしたのですか。あのシーンは、佐村河内さんの言い分を正当化するような、かなり説明的なシーンになっていますね。森さんが佐村河内さんの味方であると、観ているものに印象づけられる。一方、そうとも限らないでしょう、というのが森さんのスタイルですよね。

森　聴覚障害者のカウンセラーの方がブログで、佐村河内騒動を伝えるメディアに対しての違和感を表明されていた。それを佐村河内さんが見つけて、会いに行くつもりだと連絡があった。外出は

めったにない機会だから「同行していいですか」と訊き、カウンセラーの方にも撮影の了解をもらった。そんな順番です。

藤井　そうすると、森さんが介入して事態を転がしたというよりも、勝手に事態が転がっていった感じですか？

森　両方ですね。外のシーンは欲しいなと思っていたし。さっきも言ったけれど相互作用。

藤井　途中でバラエティのオファーが来たり、海外メディアのクルーが来たり、京都へ行ったり、いろいろなことが、まるで仕組まれたように進んでいくでしょう。これはまったくの偶然と、森さんという存在がもたらす化学反応との、両方があった？

森　メディアに対しての窓口は彼の顧問弁護士です。取材依頼が来たとき、「本人の意向次第ではあるが、条件としては、そこに（森達也の）撮影のカメラが入ります。それでよければ取材に来てください」と、先方に伝えるようにしてもらいました。それを了解して番組の出演の交渉に来たのがフジテレビでした。

藤井　フジテレビは当然、そこでカメラを回しているのが森さんだと知っているわけでしょう。

森　最初にきた報道のスタッフは、森達也が何者かわかっていなかったようです。少なくともプロデューサーは。でも、結局は二回来ているので、二回目のときはもうわかっていましたね。舞台挨拶のときは呼んでもらってもいいですよ、などと冗談を言っていました。もうひとつのバラエティ番組のほうは、四人のスタッフが来たけれど、ひとりは『A』のときに現場で一緒になった元カメラマンでした。撮影したあの日に、彼から「ご無沙汰しています」と挨拶されましたよ。だからもちろん、やがて映画になるかもしれないとわかっていたと思います。

藤井　僕なら、森さんがそこにいるんだったら交渉にいかないけどなぁ……。ぜったいネタとして使われてしまうから。

じつは、森さんが佐村河内さんを追いかけているのを本にするという企画で、フリーライターの武《たけ》田砂鉄《だ さ てつ》さんが地方ロケに同行しているし、映像にも映り込んでるんだけど、彼は「このままだと森さんに巻き込まれる」と判断をして、急に行かなくなった。本人がそう言ってました。賢明な判断です。

それにしても不思議だなぁ。森さんが何者か、ちょっとでも調べたらわかること。また、現場に来て「森さんがいる」と気づいたら、メディア関係者なら普通は帰りますよ。

森　僕も不思議だった。『A』撮影のときも感じたけれど、自分たちが撮られることに対して、メディア関係者はとても鈍感ですね。競走馬が遮眼帯を掛けられているような感じです。目の前のことにしか反応しない。まあ『A』のときは、同じ業界なら都合の悪いシーンは使わないだろうと考えていたのかもしれない。ようするに、僕や僕の映画の知名度はその程度であるということです。名前を聞いたって誰だかわからないし関心もない。そう考えるべきかもしれないですね。

藤井　佐村河内さんが出演を断ったバラエティ番組に、代わりに新垣隆《にいがきたかし》さんが出ている。タレントたちが新垣さんをいじりながら佐村河内さんをけなす。新垣さんもこれに同調する。それをテレビで観ながら佐村河内さんが、「自分をおとしめるような演出はけっしてしないと彼らは言ったのに」と奥さんに訴えるシーンがありますね。しかし、仮に佐村河内さんが出演をOKしていれば、ぜんぜん違う展開になったはずです、と森さんが彼に諭すように話しかける。

森　佐村河内さんは、番組を見ながら「自分を陥れるために、新垣を出演させて自分を笑い者にしている」という見方をするわけです。彼はテレビ業界のことは知らないし、なによりも当事者だから、そう考えることは当たり前ですね。でも、これはテレビ業界の人なら誰もが同意すると思うけれど、彼を陥れようとか笑いものにしてやろうとの悪意は、番組を作る側にはないのです。そもそも、それほど暇ではない。彼らが考えているのは、どうしたら数字（視聴率）が取れるか、だけです。

つまり、一般視聴者が喜ぶかどうか。指標はこれだけです。ただし普通の仕事ならば、視聴率という売り上げだけを追うことはまちがいではないけれど、メディアにはジャーナリズムという市場原理とは違う軸もあるはずだし、さらに人を傷つけることもあるから、その負い目をもっと持つべきだと思っています。バラエティ番組のスタッフたちは、自分たちが佐村河内さんや多くの人を傷つけていることに気づいていない。もちろん観る側も。みんな無自覚なんです。そしてこれが、大げさにいえばナチスのアドルフ・アイヒマンが体現した「凡庸な悪」なのだと思う。

スキャンダル絡みのタレントに関する報道もふくめて、メディアって加害者じゃないですか。だから、開き直れという意味ではなくて、自分たちは人を傷つける仕事をしているという意識を、もうちょっと持つべきだと思う。

藤井　普通、「傷つける」と言った場合、まちがったことを書くとか、本人が言っていないことを報道することでしょう。映像だったら素材そのものがあるから、テキストよりも捏造がやりにくいかもしれないけれど。いずれにしても、傷つけるという行為には、いろいろなレベルがあるじゃないですか。

森さんはつねに、意識的にメディアが加害者であることを言っていて、僕もその意識は否応なく持たされることが多いです。たとえ誰かのためにとか、困っている誰かを代弁するという大義があっても、なにかしらのかたちで加害者性が出てくると思っています。

活字でも映像でも、あとで取材した当事者から抗議が来ることがあります。活字だったらよく裁判になります。書かれた側が「このあいだ取材された内容は、こんなのではなかった」とか、「言ったことのニュアンスが違って書かれている」とか。そういうケースになると、たいがい取材を受けた側のほうの主張が圧倒的に強くなると思う。

繰り返しますが、取材した側は加害者性が高い状態から取材を始めざるをえない。そういうことを回避するためには、ある種の「共闘関係」みたいな状況を作りながら、やっていくしかないと僕は思っています。森さんは、「共闘関係」を作ったりすることはあるのですか。

森　ちょっと微妙です。僕は加害する側ですから。共闘したら加害できなくなる。加害がダメだというつもりはありません。それは表現するうえで回避できない。その覚悟を持つかどうか、言い換えれば加害することのうしろめたさを持続できるかどうかです。

被写体との「距離」など関係ない

藤井　森さんの作品を観ていると、最初から被写体を「飲み込んでいる」ような感じがするんです。森さんに飲み込まれて、被写体が森さんの手のひらの上で踊らされているように思えてしまいます。普通は「撮らせていただく」わけだから、もっと撮る側が下手に出るものだと思うのですが、森さんはそうでもない。

森さんのペースに相手を巻き込んでいくというような空気を作っているように思えますが、おそらく森さんはそのことを意識していないですよね？

森　していない。

藤井　やっぱり。

森　そもそも飲み込んでなどいない。藤井さんにはそう見えるだけじゃないかな。だって飲み込んだら距離を描けなくなる。ドキュメンタリーの被写体であったりノンフィクションの場合は、被写体＝取材対象との関係性を密にしたり距離を近くするのがよいことだと思われているようです。確かに関係性や距離の長短を描くことは重要だけど、これを操作することに僕はあまり関心がない。だって関係性や距離など、そもそも操作できないから。

よくドキュメンタリーを撮っていると、「僕もドキュメンタリーを撮ろうと思っています」という若い人から、「被写体との距離はどれくらい詰めればいいですか」と聞かれます。僕は、「あるがままでいいんじゃないの」と答えます。なぜか多くの人が、被写体との関係性を構築してから、つまり距離を詰めてからドキュメンタリーを撮らなければならないと思い込んでいますね。

藤井　活字も映像も、ある程度は同じでしょう。

森　その理由が僕にはわからない。それこそ原一男《はらかずお》さんの映画『ゆきゆきて、神軍』なんて、むしろ奥崎謙三《おくざきけんぞう》さんと原さんはどこかで憎みあっていますよ。それでもドキュメンタリーは成立する。奥崎さんは原さんを利用しようとしているし、原さんも奥崎さんを利用しようとしている。むしろ、あのように反目し合っているほうが、ドキュメンタリーとしてはすがすがしい。

「（被写体を）支えてあげたい」とか「寄り添いたい」とか思うんだったら、カメラなしで寄り添って支えてやれよと僕は思う。もちろん、戦場や飢餓など、助けを求める多くの人を救うために映像を撮ることは重要な使命です。同時に、撮るということは被写体や取材対象を作品として利用しようとしていることだとの負い目は、つねに持ち続けるべきだと思っています。

藤井　それは言葉で確認するわけではなく、アイコンタクトもふくめた「取材を受けてもいい」「撮ってもいい」という意思の共有ということですか。

たとえば、佐村河内さんだったら、最初は「ＯＫです」と言うけれど、どのように撮るとは言わないわけですよね。

森　さっきも言ったけれど、僕は最初に「あなたを利用しますよ」と佐村河内さんに言った。それに対して彼は無言だったかな。「まあ、そうでしょうね」という感じだったかもしれない。これまで何度も被写体になって撮られているから、そのあたりのことはわかっているのではないかな。

藤井　「利用しますよ」という残酷にも取れる言い方をしたときに、森さんのこれまでの作品とか主義主張がわかるようなものが相手に伝わっていないと、誤解をまねく可能性がありますよね。ようは、森さんと取材対象とが「利用しますよ」という言葉の意味を共有する必要がある。「利用しますよ」というのは、まさに森さん独自の相手との「共犯関係」関係みたいなものを作るということですよね。僕の手のひらの上に乗ってもらいますよという。普通は活字であれ、映像であれ、そういう言い方で最初から伝えるというのは森さんぐらいではないですか。

森　ジャンルは違うけれど彼も表現者ですから。意味は伝わったと思っています。まあ口にするかどうかはともかくとして、そんなことみんな、なんとなくわかっていると思いますよ。

藤井　佐村河内さんには、「どう撮られるかは別にして、森さんに撮られることによって違った自分を見たい」という興味もあったのではありませんか。佐村河内さんに限ったことではありませんが、森さんが取材する場合って、そういう取材対象が森さんのフィルターを通した「違った自分」を見たいと思う好奇心があるのじゃないかな。それもふくめて「共犯関係」。

森　それはどうなのだろう。わからない。違う自分を見たいとの興味についてはわからないけれど、世間が思っているような大嘘つきの詐欺師ではない自分を知ってほしいとの思いは、あって当たり前だと思います。

藤井　つまり、向こうも利用したわけですよね。

森　もちろん、そうですよ。別に今回に限らず、利用するというモチーフは撮る側だけではなく、撮られる側にもあるわけです。汚名を挽回したいとかアピールしたいとか。これもまた撮る側と撮られる側の相互作用です。

取材される側との「信頼関係」って、なんだろう

藤井　取材を進めながら、一般的に言われる取材者と被取材者の「信頼関係」みたいなものはできていくという手応えはありましたか。「信じていなければ撮れない。（佐村河内さんと）心中ですから」という森さんの言葉が『ＦＡＫＥ』に入ってました。それは一種の殺し文句だと思います。信頼関係と言っても、それを築くのはむずかしい。仲よくなったからといって、それで信頼関係が築けたとは言い切れない。僕は、つねに取材相手から疑われていると思っています。「これで築けた」というように信頼関係を担保するものって、ないんじゃないかな。せめて過去の作品を知ってもらい、この取材者はこういうテイストだろうと理解しておいてもらう程度なのでは？

森　そういう意味での信頼関係みたいなものはある。「信じています」とか「裏切りません」とかそういうものではなくて、「利用する・される」もふくめての信頼というか、むしろ契約関係と言ったほうがいいかもしれない。信頼を装うし。「信じている」と言いながら、僕は違う場面で「信じて

いるふりをしただけかもしれない」と佐村河内さんに言っています。どちらもある意味で本音だし、でも同時にドキュメンタリーの演出における「刺激」でもある。こちらはにこにこ笑いながら撮っておきながら、とんでもない編集をする可能性があるわけだから。こういったこともふくめての信頼関係ならあるけれど、普通の日本語ではそれを信頼関係とは言わないよね。

藤井　ほかにいい言葉はないのかな。

森　虚実を前提とした信頼関係。

藤井　そんな関係を取材対象と築くのは職人芸のようなもので、森さんしかできないのかも。

森　そんなことはないです。ドキュメンタリーの作り手は、みんなやっているはずです。まあでも確かに、僕はたぶん冷酷です。一見優しそうに見えるけれど、非常に残忍な男だなと自分で思いますよ。

藤井　確かにそう見える。事件報道などで言うと、取材対象に対して最初に「こういうふうに取材して、こういうふうに書きます」と見立てをある程度説明します。しかし、いざ取材を始めてみると、とてもその通りにいかないことのほうが多い。「結局、藤井は当事者の気持ちに迫れていない」などと激しく批判されることもあります。そういうときは、かなりへコみます。

森　藤井さんがそういう手続きを踏み、文句をいわれるのは発表前でしょう。誠実だよね。

藤井　いいえ、発表後も言われますよ。

森　僕は、発表後に言われても無視するからね。

藤井　僕は森さんほど「冷酷」になれない。というか、取材対象との「距離」が、森さんと僕とでは違うのだと思う。たとえば、書いているものが連載というかたちをとっていると、その次が取材できなければ、次が続かない。綱渡りです。そこでコケられないのです。

森さんだってあるでしょう。ここで揉めたら次のカメラが回せないとか。そこはどういうふうにバランスをとるのですか？

森　平気でごまかしますよ。嘘も吐きます。だから僕は、作品完成後に被写体と関係を持続できないです。申し訳ないもの。例外は『Ａ』の荒木浩《あらきひろし》さんと、『職業欄はエスパー』（一九九八年にフジテレビ「ＮＯＮＦＩＸ」で放映）のエスパーたち（清田益章《きよたますあき》、秋山眞人《あきやままこと》、堤裕司《つつみゆうじ》）くらい。ほかの作品で被写体になった人たちに自分から声をかけることはないし、声をかけられる立場でもないと思う。だからときおりドキュメンタリー映画の上映で、被写体と並んで監督がトークショーをやったりしているけれど、僕にはとてもできない。なぜできるのか不思議です。佐村河内さんも同様です。その姿勢は、今後も変わらないと思います。

藤井　「心中」というあの台詞は、嘘なんだ……。

森　一〇〇％の嘘でもない。だって彼がもし僕に一〇〇％嘘をついていて、僕がそれに気づかずに作品を発表していたら、僕だって沈没しますよ。だからその意味では、心中は嘘ではない。

藤井　僕は逆で、もちろん一期一会で取材後に会わない人のほうが多いけれど、取材対象からシンポジウムなどに声をかけられたら参加します。『遺体』（新潮文庫）の著者の石井光太さんも、取材対象と被災地で出版後も集まりなんかを継続されている。そのあたりの森さんの割り切り方はまねできないし、まねしたいとも思わない。

いずれにしても、撮り手と被写体との関係性を「演出」するところもふくめて、森さんはオモテに出しちゃうじゃないですか。それを出してしまっても関係が壊れてしまわないという「担保」のようなものは、なにか考えているのですか。

森　「担保」よりも、被写体が抱えているテーマが近いのです。つまり、僕と彼（佐村河内）との関係のなかで「信じる」と言った場合、森も嘘を吐いているし、佐村河内だって嘘を吐いているかもしれないわけで。その関係性自体が、あの作品のテーマでもある。普通はオモテには出さないでしょうね、自分がぬけぬけと嘘を吐いているところなんて。でもドキュメンタリーというジャンルを選択したのなら、それを隠したくないと僕は思う。

藤井　取材対象との距離とか関係性って、取材をする側の「承認欲求」みたいなものじゃないかと思う。作品を書いたあとに、取材対象からシンポジウムに呼ばれるということは、コミュニケーションがむずかしい相手や描くのが困難な相手をきちんと描けたことの証明であり、だから相手に認めてもらえたという喜びがあると思う。相手のやっていることや置かれた立場に対する共感が強いから、作品が出たあとも関係性が続くのだと思うのですが。

森　承認欲求。……藤井さん、むずかしい言葉を使うな。作品が出たあとも関係性を続けたいとそもそも思っていないし。まあそれは、嫌われるよりは好かれたほうがいいです。だから喜んでもらえるなら、それに越したことはない。でも、それも結果としてだけであって、結局は被写体のためになど欠片《かけら》も思っていないことを自分で知っていますから、やっぱりもじもじしてしまうだろうな。

ジャーナリスティックとドキュメンタリスティックの違いとは

藤井　森さんも先ほど言っていたけれど、取材する側とされる側の関係は多様だが、基本的には「虚構」だと考えたほうがいいのではないかと、僕は最近ずっと思っています。相手を支援をしたいならNPOやボランティアをやり、近くで世話をすればいいわけですよね。

相手とのあいだにメディアというものを介在させて、なにかをそこで作り、社会の不特定多数の人々に伝えていくためには、取材相手が望むことのすべてには応えられないことも多い。本当にケースバイケースなのです。「信頼関係がなによりも大事だ」と僕も普通に言っちゃいますが、実際のところ、信頼関係というのは幻想ではないかと思うし、かろうじてそれができたとしても、それは砂《さ》上《じょう》の楼閣《ろうかく》みたいなもの。取材者が切り取った事実をメディア化するプロセスのなかの、ふとしたことでも崩れてしまう。それを壊れないようにすることのほうがむずかしい。

ところで、このところ森さんは「自分はジャーナリストではない」と言っている。そのことをあらためてお聞きしたいんです。ドキュメンタリーは、活字などに比べて、より取材する側の視点や編集する目、切り取るフレーム、といったものが前面に出やすくて、フィクション性を自覚せざるをえない表現方法だということですか。

森　「このところ」じゃなくて、ジャーナリストという肩書を名乗ったことは一度もないですよ。たまに付けられるけれど、気がついたら訂正してもらっています。

確かに境界は曖昧です。ジャーナリスティックなテレビ報道や新聞記事でも、「編集」の要素は入っています。とくに自分は、その傾向が強いと思っている。つまり、ジャーナリストとかドキュメンタリストとか……、ようは表現者と言えばいいのかな。それらはきちんと分かれているわけではない。「ないまぜ」になっている。そういう意味で、僕の場合は、ジャーナリスティックな部分よりもドキュメンタリスティックなテイストが強いと自己規定しているので。

藤井　ジャーナリスティックとドキュメンタリスティックの違いは、なんなのですか。

森　僕は、ドキュメンタリーは自分の主観を出すことにためらってはいけないと思っています。名前のタグ付きで、「これは自分の思いである」「主張である」と出すべきです。ジャーナリズムの場合は、主観からは逃れられないと知りつつも客観や中立を標榜はすべきだし、とりあえず社会正義（僕はこの言葉が大嫌いなのだけど）を体現しようと努力すべきだし、ほかにはそれこそ神山さんの僕への批判じゃないけれど、片方の言い分を聞いたら、もう片方の言い分も聞くとか……。

藤井　神山さんは、佐村河内疑惑を追及した当の本人だけど、『ＦＡＫＥ』への批判として、ただ佐村河内を観察的に撮ってるだけで、調査報道的な要素がまったくないと厳しいことをネットで書いています。

森さんと神山さんとでは、最初からアプローチの仕方が違うから、ボタンの掛け違いがある。神山さんは、佐村河内さんの耳が「まったく聴こえない」のは嘘だということを調査報道で暴いた。他方、森さんは、佐村河内さんが感音性難聴だったという医学的診断を深掘りして、調査報道を積み上げたわけではない。つまりジャーナリスティックではない、と言う。

神山さんの『ペテン師と天才』（文藝春秋）を読むと、そこで触れられている佐村河内さんという人物をかたち作るための事実関係を、森さんはスルーしている。『FAKE』という映画は、佐村河内さんの全容を調べるために作ったものではないので、当たり前なのだけど。

森　ボタンの掛け違いって、僕はまちがえていないですよ。向こうが都合よくまちがえているだけで。まあ、それがジャーナリズムならば、神山さんの主張はもっともだと思いますよ。でもね、僕に言わせれば、たとえジャーナリズムであっても、もっとうしろめたさが燻《くすぶ》ってもいいと思うけれど。ジャーナリズムのもっとも大きな陥穽《かんせい》は、自分が社会正義になってしまうことです。

少し補足すると、代弁するドキュメンタリーももちろんある。たとえば、いま世界で話題になっている『海は燃えている』（ジャンフランコ・ロージ監督）。イタリアの小島の難民を撮った作品です。カンヌでも評判になりました。まだ観ていないけれど、レビューなんかを読むと、自分の思いよりも難民たちがいまいかにつらい状況か、どうやったら助けられるのかを表現した作品だと書かれている。

それはそれで、もちろんありですよ。そういう作風を否定する気はない。ドキュメンタリーって人と同じですから。森という個性があって、藤井誠二という個性があって、いろいろな人がいろいろなものを撮ったり書いたりしているわけで、それは色をつけて区切れるようなものではない。

藤井　森さんと僕との長い対話で作った『死刑のある国ニッポン』という本でも、死刑がありかなしかというシロクロをつけるために、延々と話し合っていますものね。同じネタやテーマを扱うにしても、いろいろな意見やスタイルがあってもいいと思います。当たり前ですが。

直にカメラを向けるか、誰かの後ろからカメラを向けるか

藤井　『FAKE』の取材方法の一環として、ノンフィクション作家の大御所・佐野眞一さんを使うプランがあったということを聞いて、腰を抜かしました。たしか前に森さんと飲んだとき、「佐野眞一さんに最後は断られちゃった」と言っていたけど、粗編集の段階では使っていたんですね。当時の佐野さんは、自作品の剽盗問題で追い詰められていて、事実上、メディア業界から追い出されるようなかっこうになっていた。剽盗問題の当事者を『FAKE』に登場させる――佐野さんに佐村河内さんをインタビューさせて、そのうしろから森さんがカメラを回す――なんて、つくづく森さんは冷酷だなと思ったな。

森　本当に鬼畜ですね。最初に佐野さんに佐村河内を取材しませんか、と打診するときからカメラを回しています。その場では「一緒に佐村河内の家に行きましょう」という話になったけれど、約束の数日前に連絡したら、「いろいろ考えたけれど、自分の琴線《きんせん》が動かない」と言われて……。その気

持ちはわかります。僕だってこんな騒動を取材したいとは思わなかったもの。

佐野さんに声をかけた理由は、もちろん佐野さんと佐村河内さんの対面はスリリングだとの鬼畜の発想もあったけれど、そもそもは誰かジャーナリストを配置したかったからです。なぜなら撮りながら、橋本佳子《はしもとよしこ》プロデューサーからは、「新垣さんと神山さんには一切接触しなくていいのか」と何度も言われていました。もちろんドキュメンタリーとジャーナリズムの違いは意識しながらも、公開後にあまりに偏っているなどと酷評されることを、橋本さんは危惧していた。両論併記ではないにしても、そして実際に作品に使うかどうかは別にしても、やはり言い分は聞くべきではないかと。

でも、それをやればジャーナリズムになってしまう。だから、誰かに代わりに取材してもらおうと思いついた。そして僕のカメラはその人を撮る。かなりアクロバティックではあるけれど、こうしてジャーナリズムとドキュメンタリーの境界を早足《はやあし》で駆け抜けてしまおうと考えました。その人の取材をカドカワで本にすれば、不義理をしたカドカワの佐藤さんにも多少のお詫びができる。いや佐野さんが書くのなら、むしろ感謝されるかもしれないとかね。

藤井　確認するけれど、森さんには自身で神山さんと新垣さんを取材するという発想はなかったのですね?

森　ないです。佐村河内さんが会いにゆくというなら、喜んでうしろからカメラを回します。でも僕が単独では行かない。裏取りなどしたくない。本気でそう思っていたし、いまも思っています。

藤井　結局、森さんは新垣さんの本のサイン会に行って、一緒に記念撮影をしたり、「編集者が選ぶ雑誌ジャーナリズム賞」を神山さんに授与するときのプレゼンターに選ばれて、そこで神山さんと接触しようと「当てにいってる」んだけど、両方とも取材すること自体はフラれた。「取材を依頼したけど断られた」というテロップが入り、ふたりは逃げたみたいな、どちかというと悪い印象になってしまう。

森さんとしては、断られてラッキーだったというか、もしふたりとも長々とインタビューを受けて両論併記的なことをしなくちゃならなくなったら、ジャーナリスティックになるし、説明的になる。いまの『FAKE』とは、ずいぶん違ったテイストになってたんじゃないかな。

森　そう思います。だから神山さんに、ジャーナリズムではないと批判されているけれど、そうですよ、と言うしかない。なんで取材を断った当の本人から取材が足りないと批判されるのだろうとは思うけれど。

藤井　佐村河内夫妻が京都に行くシーンの前後は、ジャーナリスティックな感じがします。「音楽と耳は関係ないんだ」とか「聴けるし作れるんだ」という話は、ある種のジャーナリズムな感じがあって、佐村河内さんを出して反証しているように見えます。

森　京都のシーンは編集でけっこう悩みました。それまでの流れからすると、確かにちょっと違和感があった。外出のシーンは絵変わりして貴重だけど、文脈としては不要ではないかなどと悩みました。最終的にあのシーンを使った理由は、「なぜ作曲しないのか」と僕が彼に言う流れの伏線になっているからです。ジャーナリスティックな理由じゃないです。それはむしろ排除したい要素ですから。

藤井　森さんは、オウム真理教（以下、オウム）を取材したときには自分が前面に出て、あいだに誰もたてなかった。でも、今回は佐野さんに取材をさせて、その背後から撮るという方法を考えて実行に移した。それがうまくいかず、最終的には自分でやったわけですよね？

森　だって『A』や『A2』における被写体はオウムそのものだもの。あいだに人を立てる必要はないです。あるいはテレビ作品の「放送禁止歌」は、僕自身がカメラを持ってミュージシャンや解放同盟や民放連を訪ねている。その手法は正当です。でも『FAKE』については、そういうかたちで自分が前面に出たくはなかった。なにかが違います。微細だけど決定的ななにか。

藤井　なにが「違う」のですか？

森　藤井さんは「違う」と思わない？　たとえばあの映画のなかで、いきなり神山さんの事務所に僕が訪ねて行くって……、なにか違いませんか？　それはそれで、そういう作品もあるけれど、微妙な違和感がないですか。

藤井　たしかに両者が対決しているような印象は受けますね。森さんが佐村河内さんのかわりに闘ってる感じになってしまうのかな。『ゆきゆきて、神軍』で言えば、奥崎さんが元上官を殴りに行き、それを撮るというのではなく、奥崎さんの代わりに監督の原さんが元上官に会いに行くということですね。

森　そうです。もちろん、原さんが自分ひとりでカメラを持って、奥崎の元上官のところへ行って、追求する手法もありだけど。

藤井　奥崎抜きで行くのではなくて、あくまでも奥崎さんのうしろから付いていく。その形式が森さんの理想だったというわけですか。

森　理想というか、『FAKE』においては、です。

藤井　つまり、『FAKE』を作り始めたときの方針は、実際に公開された作品の内容とは違ったわけだ。佐村河内さんが動いて、そこを撮る。『ゆきゆきて、神軍』のスタイルで行こうと。

佐野さんは剽盗問題でメディアから追放されたかたちになった。佐村河内さんにその佐野さんをあえてぶつける。そのことについて、必然性や合理性を僕は感じないのですが、単純にフェイクとフェイクの繋がりというのがねらいだったのですか。

森　それもあるけれど、それだけではないです。困ったな。うまく言葉にできない。とにかく佐野さんの起用をあきらめた頃、雑誌ジャーナリズム協会の幹事社から、先ほど藤井さんが述べた「第二一回　編集者が選ぶジャーナリズム大賞」のプレゼンターをやってくれとの依頼が来ました。すべての発端となった神山さんの「週刊文春」の記事「全聾の作曲家はペテン師だった！」（二〇一五年二月一三日号に掲載）が大賞に選ばれたと聞いて、偶然にしてはできすぎていると感じて、「ドキュメンタリーの神さまが撮れと言っているのかな」などとプロデューサーの橋本さんと話したことを覚えています。まあ、直接的に取材に行くことは抵抗があったけれど、これなら神山さんにドキュメンタリーの範囲内で接触できるのかなと考えた。

だから、授賞式の撮影の準備をしました。僕も被写体になるので、撮影はカメラマンの山崎裕《やまざきゆたか》さんに頼んだ。ところが、当日会場に行って、神山さんは欠席と聞いた。がっかりです。でもどこかでこれも天の采配なのかなと思った。そのあとに神山さんのメアドを文春の編集者から聞いて取材の依頼をした。でも返信は、映画のテロップに示したように、多忙なので無理ということでした。この返信の内容について神山さんはネットで事実と違うなどと書いていたけれど、それこそフェイクです。この程度かとあきれました。

新垣さんと僕が会うシーンも、たまたまうちの近くで新垣さんがコンサートをやるという情報があったのがきっかけでした。僕は気が進まなかったけれど、妻から「これは絶対に行ったほうがいい」と背中を押されてふたりで行きました。だから僕が映っているシーンは、スマホで妻が撮った映像です。

藤井 なるほど。弾みがつくってことは、ありますよね。神山さんにしろ新垣さんにしろ、予想外のシーンが撮れた。うまく転がりだしたという感じですか。

森 いや、うまく転がってないじゃん。どちらも一回で終わった。神山さんにいたっては空振りだし、新垣さんはあの場（サイン会の現場）ではOKをくれたけれど、そのあと事務所からNGが出た。うまく転がっていない。ただ、転がりかけて止まるというのも、作品的にはおもしろいと思った。逆に、もしあのまま進んでいたら、困っていたと思います。そもそもジャーナリズムならば、一回断られたくらいであきらめちゃダメですよ。

藤井 「転がりかけて止まる」のもおいしいわけですよ。仮に佐野さんがレポーター役で出ていたら、よくわからない、とんでもないドキュメンタリーになっていたかもしれませんね。ぜんぜん別物になっていたと思います。

森　すべて計算通りにいくわけじゃない。人生に似ています。「あのときこっちを選んでいたら、いまの人生はどうだろう」って考えても仕方がない。いろんな人生があるわけだから。

佐野さんが出演していたら、まったく違う作品になっていたかもしれないし、それがよいか悪いかはわからない。

間接話法という方法論

藤井　ノンフィクションの取材って、計画を立てて、こう展開してほしいなあと思っても、まずそうならない。それでも佐村河内さんに対する森さんの興味や好奇心はなくならなかったし、どんどん湧いていったわけでしょう？

森　オウムを撮ったときもそうだけれど、オウムにそれほど深い思い入れはないし、興味もない。むしろオウムよりも、オウムと対峙する日本社会に興味があり、どうやったら彼らをフックにして日本社会が撮れるかに関心があった。つまりメタファーですね。『A』と『A2』は、オウムを媒介にして日本社会を見るという「間接話法」で作りました。それは今回も同じです。ゴーストライター騒動なんて、じつのところはほとんど興味がない。

藤井　映画を観るかぎり、森さんが彼に対して、強烈な興味を持っているようには見えなかった。

森　表現者らしく我は強いけれど、けっこうお茶目だし、隙だらけでもある。好きですよ、佐村河内さんのことは。

藤井　途中で佐村河内さんが撮影を「止めてくれ」とか「もういい」と言うことはなかったのですか。

森　「止めてくれ」とか「もういい」と言われたことはなかったです。これは編集時もふくめて、内容に干渉するようなことを、彼はほぼ口にしませんでした。その意味では、本当に潔《いさぎよ》い男だと思います。NHKスペシャルなどいくつかのドキュメンタリーの被写体になったことはあるから、作品がディレクターの思いのままになってしまうのだということは覚悟している、というようなことを言っていたこともあります。

「ビックコミックスペリオール」（講談社）で吉本浩二《よしもとこうじ》さんが、聴覚障害をテーマにした漫画を連載していました。「寂しいのはアンタだけじゃない」というタイトルです。じつは、この主要キャラクターが佐村河内さんで、ノンフィクション漫画なのです。吉本さん自身が登場して、彼が「聴覚障害ってなんだろう？」と探る旅を漫画にしている。

吉本さんは、佐村河内さんに出演依頼をして、OKが出る。そして、編集者と一緒に佐村河内家に取材に来ました。もちろんこの時期だから、僕はカメラを手に待ちかまえています。つまり僕は吉本さんを撮っているし、吉本さんは漫画に僕のことを描いている。

映画の発表直前に佐村河内さんの家へ吉本さんが行って、「どんな映画になるのでしょうかね」と訊ねる。すると、佐村河内さんは「不安でしょうがない」「森さんは、なにを考えているか、僕にはさっぱりわかりません」と心情をぶつける。そんなシーンが吉本さんの漫画に描かれています。もう編集が終わった段階の話なのですが、そんなに不安だったのかとあらためて思いました。でも、内容についての注文や質問は、ほぼなかったです。

藤井　完成品を観て、佐村河内さんはどう言っていましたか。

森　奥さんの香《かおり》さんは、僕の手を握って「ありがとう」と言ってくれた。佐村河内さんはほぼ無言でした。このときラストカットも観ているから、言いたいことは山ほどあったと思うけれど、なにも言わなかった。

藤井　むしろ森さんの世界観を描くための道具として、佐村河内さんを使った。いずれにしても、最後の最後で相手がテーブルをひっくり返さないため、調整や配慮したことなどはあるのでしょうか？

森　テーブルをひっくり返すって、上映を中止してくれと言われたりするということ？

藤井　そう。最後の最後で「止めてくれ」みたいな。そういうのって、けっこうあるじゃないですか。裁判になって、出版差し止めになったり。

森　もちろん考えていますよ。過去にそれで失敗したこともたくさんあるし。

藤井　そこで得た教訓は、なんですか？

森　やはり相手のキャラクターを見極めながら、攻めたり退いたりしなきゃいけないな、と。それでも、ついけんかしちゃったりするじゃない。完璧にはなれないけれど、多少ずるくなったかもしれない。

藤井　僕も「被害者のプライバシーを書きすぎだ」とよく言われます。でも、事件のディティールを描くためには必要だと思う。被害者側に立ったとしても、書かざるをえないところがある。だから、「僕はいまだに被害者の立場を理解していないと思う」という一文を入れることにしたこともある。本当は、そんなことを書くのは本意ではないのだけれど……。

森　僕だったら、「そう言われたから書きました」と素直に書いちゃうかも。自分もそう思ったから書くのだけど。

ドキュメンタリーを撮ったりノンフィクションを書いたりしながら、取材対象のプライバシーをどこまで守るのか。僕がそれに対応できる一〇〇%のマニュアルを持っているかと言ったら、もちろんそんなことはない。毎回が試行錯誤です。だって相手やケースによってマニュアルが違うし。ただ、対応の仕方は経験的にいくつか持っています。たとえば『FAKE』は、プロデューサーの安岡卓治《やすおかたかはる》さんとふたりだけだった『A』や『A2』のときとは違って、かなりチームプレイを実践することができました。これまではテレビ時代もふくめて、あまりチームプレイをしてこなかったので、これはけっこう新鮮だった。

藤井　ひとりで引き受けちゃうのではなく、チームプレイで問題を解決するのですね。チームプレイとはいえ、本当に細かい機微の部分は、撮っている当人にしかわからないですよね。それは誰とも共有できないと僕は思ってる。軽く相談はできても、押したり退いたりの細かいさじ加減というのは、他人にはわからない。でも、そういう機微の部分を相談しながらできる取材はいいなと思います。

森　映画の場合はプロデューサーがいて、ちゃんとフォローしてくれる。その意味では『A』の安岡さんも『FAKE』の橋本さんも、僕にとってはありがたいプロデューサーです。文章で書く場合は、その役割は編集者が担うことになりますね。

本音を言えば、作品を撮っているあいだや編集しているあいだは、なにをやっているのかを誰にも言いたくない。プロデューサーにも見せたくないし言いたくないくらいです。見せないと仕事にならないから、仕方がないのでしぶしぶ見せるけれど。まあ結果的にはそれで正しい。的確な助言をしてもらえますから。でも生理的には、できあがるまでは自分以外の誰にも見せたくないとの思いはあります。

なによりも被写体には絶対に見せたくないですね。なぜと言われたら、言葉で説明するのはむずかしい。感覚です。でも当たり前ですよね、未完成なのだから。僕がもしケーキを作る人だったら、未完成のケーキを人に食べてほしくない。それに近い感覚かな。だからラッシュ（編集前の映像）やNGカットを上映する人がときおりいるけれど、僕にはまったくその感覚がわからない。できることなら焼き捨てたいくらいです。

取材する＝人を傷つける？

森　どこまでこちらが情報を開示するのか。マニュアルがあるわけではないし、相手によっても変わる。僕は冷酷な人間だからこういうことができるけれど、みんなが冷酷になる必要はないし、もっと被写体の気持ちを考える人はそういうスタンスをとればいい。それは別にまちがいではないから。

藤井　森さんが自分のことを冷酷というのは「ネタ」で、僕は冷酷だと思ったことなど、ほとんどないけれどなぁ。

森　さっきから何度も「冷酷」だって言ってます。『FAKE』を作るまでの一五年間、なぜ映画を撮れなかったのか。『A』と『A2』を撮ってから、途中で共同監督作の『311』はあるけれど、単独監督作品は撮れなかった。そのひとつの理由は、もう人を傷つけたくないと思ったことは確かです。『A』と『A2』では、たくさん人を傷つけましたから。

藤井　具体的にはどういうことでしょう。

森　たとえば『A』や『A2』の映像には、警察官とか住民とかメディアの人とか、たくさんの人が映りこんでいます。

藤井　でも、それは現場を撮れば当たり前のことでしょう。社会的な現場でカメラを回したり、写真を撮ったり、取材するということをやっていると、そこに関わってくる人たちが「記録」として映りこむのは当然だし、必要な要素でもあると思うのですが。

森　だから、冷酷にならなきゃいけないと思っています。たとえば『A』で不当逮捕をする公安警察官だって、もしかしたら年頃の娘がいて、その娘がたまたまDVDで『A』を観て「お父さんは最低だ」と思うかもしれない。思うだけではなくて、家族が離散するきっかけになるということもありえるわけです。その責任を僕は負えるのか。負えるはずがない。ひどいことをやっていると思います。

藤井　そんなことまで、森さんは考えているのですか。天使のような優しさじゃないですか。

森　天使だなんて初めて言われた。でも、仮に頭のなかは天使でも、実際にやっていることが鬼畜なら、その人は天使じゃなくて鬼畜です。

藤井　テレビのディレクターなら、「公務中の警察官は人権がないから」と「大文字」的な理由を言って、映りこんでも気にしないと思う。

森　撮った人すべてに申し訳ないと思っています。だからといってモザイクをつける気はまったくない。編集で遠慮するつもりもない。もしかしたら僕の言い方は非常に露悪的で悪ぶっているように聞こえるかもしれないけれど、でも本音です。『311』のラストで、遺族に撮影を激しくとがめられるシーンがあります。申し訳ないと謝ります。それは本音です。でも遺族から「ならば撮影を止めろ」と言われて「やめません」と答えます。遺族からすればわけがわからないでしょうね。謝っているのにやめない。申し訳ないと思いながら撮ります。謝罪しながら加害します。ようはそういうことです。アンビバレンツであることは自覚しています。

仮に被写体に寄り添って描いたつもりの作品でも、被写体を傷つける可能性はつねにある。被災地へ行って遺族を撮ってそのときは喜ばれても、五年後、一〇年後には、ほかの誰かを傷つける作品になっている可能性もあるし。

藤井 ドキュメンタリーやジャーナリズム、そしてノンフィクションなど、どんな表現だってそうでしょう。実在の人物をモデルにした小説ですら、そうです。「書かれた側」や「撮られた側」を応援することもたいせつだけれど、なんらかのかたちで傷つける可能性は意識することが必要ですね。あるいは「書かれた側」「撮られた側」の関係者にも、さまざまな影響がおよぶ可能性もある。犯罪者を取材するなら、その人には親や子ども、親戚など家族もいるわけですから。

森 まさしく『FAKE』が提示したように、バラエティ番組だって同様です。みんなゲラゲラ笑いながら観ているのだけれど、それで傷つく人は絶対にいる。それを一概に否定するつもりはない。たとえば丸木位里《まるきいり》・俊《とし》夫妻が書いた原爆の画だって、多くの人を傷つける。ホロコーストや東京大空襲をテーマにした映画を観て、つらい過去を思い出す人も絶対いる。

でも、だからといってやめるわけにはいかない。加害性が強いほど、提起された問題の意味と価値は大きい。それが表現であるかぎり、加害の可能性からは絶対に逃れられない。それはつねに考えています。

藤井 とくに犯罪報道では、しばしばそういうことがあります。民放でもNHKでもいいのだけれど、報道組織のなかでは「当たり前」の日々の行為が、人を傷つけている。たとえば、犯罪被害者や加害者の顔写真である「がん首」を入手するときに、傷ついている人は多いと思う。ところが、それを組織として、日々流れていくもののなかで消化していくと、他者が傷つくことや自分が残酷なことをしているということについて鈍感になっていく気がします。

森　鈍感と言うか、無自覚に目をそらしていますよね。ルーティンになってしまい、考えなくなっちゃっている。「がん首」取りは若い報道記者の通過儀礼でもある。最初は誰もが抵抗がある。でもいつのまにか馴れてしまう。戦場の兵士と同じです。思考が麻痺してしまう。とくに、テレビの影響力は僕の映画なんかの比ではない。見る人の数が圧倒的に違う。だからこそ、テレビ業界で仕事をする人は、自分たちの加害性について、日々悩まなくてはならないはずです。でも、そういう人は少ないですね。出世できなくなるのかも。

先週、オランダのロッテルダム国際映画祭に招待されて『FAKE』を上映しました。オランダのホテルで、朝起きてからテレビを観たら、日本のようなワイドショー形式の番組がない。普通のニュースか硬いテーマのディベート番組。すごく真面目なんです。夜のゴールデンタイムでもバラエティはまずない。

だからオランダの観客は、『FAKE』で映し出される日本のテレビの状況が、いまひとつピンとこないようです。「テレビであんなふうに人を蔑《さげす》んでよいのか」などと質問される。返事に困りました。

藤井　彼らにしてみれば、バラエティ番組が「いじめ」番組に見えるわけですね。

森　そうですね。確かにいじめです。なぜ学校でいじめがなくならないのかとはよく言われるけれど、当たり前ですよね。社会全体がメディアという公器で、いじめを是認しているのだから。その反動なのか、被害者や遺族は聖域になる。傷ついた遺族をケアすることは当然です。できるかぎりサポートすべきです。でもその帰結として、異論や反論すら言えなくなるなら、拉致問題などが典型だけど、社会は大きな過ちを犯します。テレビが使いたがる「寄り添う」という言葉が、僕にはどうしても馴染めない。

藤井　僕も「被害者に寄り添います」という報道を多くやってきたので、自分をつねに戒《いまし》めているつもりなのです。しかし、実際は傷つけることばかりなのです……。放送や新聞は公共的なものだし、テレビは政府から許可を得てやっているので、公平さや中立さは担保しなくてはいけないし、被害者を傷つけないことがそれぞれの放送局の社是になっている。でも、実際はフリーであれ、組織であれ、現場ではそうではないことが起きます。

森　相模原障害者施設殺傷事件の報道の際、メディアは被害者の名前や顔写真（いわゆる「がん首」）を出さなかった。神奈川県警が遺族の心情に配慮するようにと通達したらしい。僕はそもそも無罪推定原則の観点から実名報道には疑問を持っているので、それはそれでまちがいではない。

しかし、日々起きている事件で、被害者の名前や写真がテレビや新聞に提示されることを遺族は望んでいるのでしょうか。多くの遺族は望まないはずです。僕だって絶対に嫌です。ところがメディアはそれこそルーティンでがん首探しに躍起になる。日々そうした報道をしているくせに、警察から言われたら急に各社一斉にやめる。なんのためのメディアなのですか。

藤井 いや、顔写真の提示をメディアに望む被害者遺族も少なくないですよ。僕は、森さんとは違う意味で違和感があって。名前を出さなかったら、誰がどこで命を落としたのかわからないでしょう。亡くなったのは、名なしの権兵衛なのか、と。

僕は、犯罪報道については実名報道を原則にするべきだと思っている。だから、遺族を傷つけていることを踏まえたうえで、ジャーナリズムは被害者と加害者の名前を出すという原理原則があったほうがいい。欧米では、そうしている国が多い。名前を出された側も、「そういう被害に遭いました」と語れる文化的な土壌がある。日本では、名前を隠す力学が働きすぎます。

森 日本は、世界でもっともネットの匿名掲示板が影響力を持つ国だと聞いたことがあります。無罪推定の原則からは実名報道に反対だけど、この国の匿名文化には確かに大きな違和感があります。相模原での事件の場合、「遺族には申し訳ないけれど隠すわけにはいかない」と名前を報道すべきだったと思う。

藤井 同感です。被害者も加害者も、名前というのは大事だと思う。

森 これは、たとえば東日本大震災の際に被害者の遺体を、テレビがまったく映さなかったという報道の問題点にも繋がります。もちろんいたずらに遺体やプライバシーを露出すべきではないけれど、そこに配慮した撮り方もできるんです。でもメディアはそれすら放棄した。ようするに過剰な忖度《そんたく》と自主規制です。被害者遺族の気持ちも理解できるけれど、一八人も惨殺されて、名前すら出せないというのは……。むずかしいところです。

取材する側の主体性を隠してはいけない

藤井　森さんが取材対象や被写体といった相手と結びつくときの向き合い方は、ただ聞くだけでは終わらないという感じですか？　普通、取材といえば、聞くだけじゃないですか。「そうじゃないんじゃないか」とか「それは違うと思う」と反論したり、相手の意見にあえて同調しないことを、森さんは意識しているのですか。

森　僕が作るのは、ドキュメンタリーですからね。被写体が戸惑ったり、ちょっとムッとした瞬間が画として欲しいのです。そういう意味では、相手が嫌がるような質問をあえてしたりします。

どういう質問をするかによって答えも変わってくる。映像だから、それをより鮮明にしたい。そのためには質問や反論は当たり前です。でも、たとえばテレビ・ドキュメンタリーの多くがそうだけれど、ディレクターの問いかけや言葉をカットしてしまう。それではだめです。さっきも言ったようにドキュメンタリーは撮る側と撮られる側の相互作用です。片方だけでは成り立たない。

『FAKE』でいえば、佐村河内夫妻が互いの愛を確認し合うシーンについて、「森の声をなぜ残したのか」とテレビ業界の人からよく質問されます。僕がふたりに言葉を言わせていることが明らかだからです。だから言います。明らかだからこそ残すべきなんだって。化学実験をアナロジーにすれば、どのような刺激を加えたかを隠して実験結果だけを発表しても意味はない。僕は自分の顔も出します。別に出したいわけじゃないけれど、自分だって素材の一部なのだから。

藤井 取材者は異物です。異物が被取材者の「世界」や「日常」や頭のなかに入っていって、刺激をしたら、どういう反応が起きるかわからない。そういえば、ある事件取材で加害者の親戚から、被害者の死体遺棄現場に花をたむけ、懺悔したいと連絡がきました。僕は、彼らを死体遺棄現場へ連れていったのです。その現場でスズメバチに襲われましてね。

森 ギャグみたい。スズメバチを仕込んだの？

藤井 スズメバチなんて仕込めないですよ。でも、記事で書くときには、そのスズメバチ来襲の状況まで省かずに書いた。

森 彼らを現場に連れていくというのは、藤井さんの作為ですよね。

藤井 向こうが現場を「見たい」と言いました。じゃあ行こう、と連れて行ったわけですから作為といえばそうです。

森 映像であれ活字であれ、どこまでがOKで、どこからがダメというのは、誰にも判断できない。表現の本質とはそういうものなんだとカミングアウトすべき。テレビ番組を作っていた時代から、ずっとそう思っていた。根幹にあるのは自分の作為です。主観と言い換えてもいい。そもそもカメラを持って現場に入った段階で、カメラはまわりにバイアスを与えている。

藤井 沖縄戦で犠牲になった住民についてのNHKのあるドキュメンタリーで、日本軍が住民にアメリカ軍のスパイ容疑をかけて虐殺した有名な事件について取り上げていて、生き残ったふたりの女性――ひとりは事件当時赤ん坊で、ひとりは二〇代だった――を取材記者が別々の場所で生きているふたりをたずねて取材して、最後はふたりを引き合わせるんです。それがクライマックスのシーンなんだけど、取材という行為が介在しなければ、ふたりの人生は交わることはなかった。それはふたりの歴史に記者が介入をして、重要な歴史の頁を作ったことになる。それも当然ありだと思う。

森　まったく同意します。ところが半端なディレクターは、そこでふたりを引き合わせる自分の作為を隠そうとする。客観とか中立などの言葉に自分を埋没させて。だから僕は、客観中立幻想はもう捨てるべきだと思う。これはドキュメンタリーだけではなくジャーナリズムも同様です。主観であることを明示すべきです。その主観や作為について、僕は「嘘」という言葉を嵌《は》めました。ところが『ドキュメンタリーは嘘をつく』というタイトルに対して、「森は、ドキュメンタリーは嘘をついてもいいと言っている」などと批判する人がいる。バカじゃないかと思う。

藤井　森さんの本のタイトルを真《ま》に受けて、そういう反応する人って本当にいるんですか。森さんの言葉に対する受け止め方が、粗雑すぎる。カメラが入った時点で切り取られているわけで、できた作品は撮る側が切り取った事実でしかないのは事実。しかし、けっして嘘ではないじゃないですか。対象となるものが、そこに映っているのですから。森さんの言う「嘘」が、取材者の主観であったり、立ち位置とか、価値観とか、思想とか、編集とか、そういうものの比喩であることは誰でもわかりそうなものですが。

森　あの本のタイトルは編集者の発案です。当初は「いくらなんでも嘘は違うのでは」と抵抗があったけれど、「これくらいインパクトがあったほうがよいのです」と推された。まあ刺激的だけど、真実が存在すると思っている人に対しては、このくらいの言葉を使ったほうがいいかな、と考えて同意した、という経緯です。

藤井　ところで、取材者である「私」というものを出すという意味では、書籍よりも映像のほうがやりやすいですか。

森　微妙です。少なくとも表現の最終的な目的は、「私」を出すことではないはずです。それはあくまでも手法であり、同時に一人称か三人称であるかはともかく、作品であるかぎりは絶対ににじむものです。だって映像はアングルでありフレームでもある。文章だって、たとえば誰かの笑いを描写するとき、ニコニコと書くかニヤニヤと書くかで、受ける印象はまったく違います。それを選択しているのは、書いている「私」です。悪意があればニヤニヤになるし、好意を持っていればニコニコになる。これは映像のフレームやアングルと同じです。かならず「私」を反射している。あるいは通過している。

だから「私」は絶対に滲む。違いは明示的に出すか出さないかだけです。……ただ、ちょっと矛盾しているように聞こえるかもしれないけれど、「私」を出すことについては、しっかりと明示しながらも、禁欲的であるべきだとも思っています。その意味で、べたべたのセルフ・ドキュメンタリーは苦手です。

表現におけるもうひとつのポイントは間接話法です。メタファーですね。平和は尊い。それは当たり前。それをフレーズとして言われても響かない。市役所などによく垂れ幕で書かれている人権宣言都市とか平和宣言都市とか、あれを目にして誰が人権や平和は尊いと実感するのだろう。結局はスローガンのレベルです。ならばどのように平和は尊いことを伝えるのか。

「アベ政治を許すな」というプラカードを掲げながら国会前でシュプレヒコールをあげるのもひとつのやり方だとは思う。でもそれは少なくとも表現ではない。僕はとりあえず表現という仕事を選んだので、直接的な表現を自分がすることにどうしても抵抗が働いてしまう……。

念のため補足すれば、デモなどを否定するつもりはまったくないですよ。デモはデモで重要です。僕は違うやり方をしたいということ。そして直接よりも間接話法のほうが、絶対に深く届くと確信しています。それはこれまで、自分が映画を観たり本を読んだりしてきた経験でもあるのだけど。

藤井　間接話法でやる場合は、やはり撮影取材する対象をどう選ぶか、出会うかという時点で決定づけられているところがありますね。その時点で森さんの動機というか、モチベーションも最高点に上がっているという。

森　『FAKE』の編集作業の前半は、家のパソコンでひとりでやりました。ちょうどその作業をしている時期が、安全保障法制の国会審議が大詰めのときと重なりました。国会の激しい攻防や市民たちのデモの報道などをもうひとつのパソコンでライブで聞きながら、「自分はなんでこんなときにゴーストライター騒動の映画の編集なんかやっているのだろう」と思ったりする。

でも、ゴーストライター騒動と安保法制は、まちがいなくつながっている。安保法制を強引に通そうとする安倍政権やこれを支持する社会への違和感は、この騒動に対する違和感と重なるんです……。わかりづらいかな。

あまり言いたくないけれど、もう少し具体的にいえば、正義か悪か、敵か味方か、真実か虚偽かなど二元論への違和感です。撮影中、佐村河内のドキュメンタリーを撮っていると言えば、なぜこの時期にそんなテーマなんだと知人からはよく言われました。いまなら「ＳＥＡＬＤｓ」とか安倍政権を撮るべきじゃないかって。でも、それは直接話法なんです。まったくそんな気分にはなれない。

ネタ探しはしない

藤井　直接話法と間接話法。取材でどちらを使えるか、うまく選べればいいのかもしれません。突然ですが、森さんってネタ探しはするのですか。

森　しません。よくそれを聞かれるのだけれど。生まれてこのかた一度もないと思う。普通に日常を送っていても、「これは変だな」とか「これはステキだ」と思う瞬間は、いくらでもあるから。

藤井　日常のなか、というのは？　新聞を見たり、テレビを見たりということですか？

森　それもあるし、それこそ庭の草むしりをやっているときとか。……草むしりは極端か。でも、そんなときに「あれはいったい、なんなのだろう」とひらめくことはありますよ。

藤井　テレビを見ないから佐村河内さんを知らなかった、と言ってましたね。たまたまそういう話が来ただけで、話が来なかったらいまでも彼のことをよく知らなかったかもしれない？

森　そうです。基本、僕は受け身ですから。胸を張って言うことじゃないけれど。「なんでオウムを撮ったのですか」と聞かれれば、あの時代はテレビの仕事をやっていたからと答える。あの時代、テレビはオウムを撮らなければ仕事にならなかった。ぜんぜん興味がない状態で撮りに行ったら、あいうことになっちゃっただけで。

『３１１』のときも、東日本大震災が起きて数日後にビデオ・ジャーナリストの綿井《わたい》健陽《たけはる》さんから「現地に行こう」と電話をもらって、その場では「現地になんか行きたくない」と断っています。佐村河内さんの場合も、やっぱり最初は編集者のオファーを断った。受け身なうえに腰が重い。鈍いんです。自分から能動的に「これは絶対に撮るぞ」みたいなのは、ほとんどないですね。

藤井　僕も受け身な体質なので、ずっと困っているのですが。

これまでやってきた仕事を振りかえってみても、誰かから「これ取材してみたら？」と提案されたテーマがほとんどなんです。もちろん、乗りかかるとギアが入るんですが。

そのせいか、いつもネタ探しでギラギラしている人を見ると、すごいなと思ってしまいます。でも、「こいつに取材させたらどうやるのだろう」と提案してくれる側が、それこそ「化学反応」を期待してくれていたら、それはそれで取材者冥利につきると思うのです。

（おわり）

私が影響を受けた一〇作品

共同通信社社会部『沈黙のファイル』〈新潮文庫〉
石牟礼道子著『苦海浄土』〈講談社文庫〉
パール・バック著・新居格訳『大地』〈新潮文庫〉
村上春樹著『世界の終わりとハードボイルド・ワンダーランド』〈新潮文庫〉
新井英樹著『宮本から君へ』〈太田出版〉
スチュアート・ハグマン監督『いちご白書』〈映画〉
黒木和雄監督『竜馬暗殺』〈映画〉
本多猪四郎（本編監督）・円谷英二（特撮監督）『フランケンシュタインの怪獣　サンダ対ガイラ』〈映画〉
今村昌平監督『人間蒸発』〈映画〉
野村芳太郎監督『砂の器』〈映画〉

おわりに——相手の「世界」に立ち入る恐怖と畏怖と悦び

地方の私大で、学生になにかテーマを決めて取材してもらい、課題として短いノンフィクション作品を書いてもらう授業を続けて、もう十年以上が経つ。途中、並行して東京の私大で同じようなことをやっていた時期もあり、授業の記録をまとめた『大学生からの「取材」学』（講談社）という本を刊行してから、いろいろな大学の「表現」系の教員から、ときおり出前授業を頼まれることもある。ジャーナリスト養成講座などに講師として参加したこともある。僕ごときでは役に立たないだろう、と言ううしろめたさを引きずりながらも、なんとかなるさ、と自分をごまかして続けてきた。

学生から「取材とはなにか」という主旨の質問を受けるときがある。ノンフィクションやジャーナリズムの世界に身を置く側からすると「取材なくして表現なし」なのだから、僕としてはちょっと面食らう。表現する側にとって「取材」とは、空気を吸うぐらい不可欠かつ当たり前の行為なのだが、学生たちにはイメージがわきにくいようだ。

学生の大半は新聞も読まないし、週刊誌や月刊誌も読まない。たまにネットでニュースをチェックするぐらい。ノンフィクションやジャーナリズムの単行本を読んだり、ドキュメンタリー作品を意識的に観ることは皆無に近い。学生たちの一部は、将来はメディア業界で働くことを希望して僕の授業を履修しているのだけど、残念ながらそういった表現に触れる機会が圧倒的に少ないのが現状だ。少なくとも僕が接している範囲ではそう言える。だから、つまるところ、そもそもノンフィクションとかドキュメンタリーというものがなにかを知らないに等しいから、「取材」についてイメージがわかないのも当然なのだろう。

同時に、学生たちから見ると、ノンフィクションやジャーナリズム、ドキュメンタリーの「取材」行為は、まことに奇異な行為に見えるし、どうしてそこまで対象にのめり込めるのか、というふうに思うらしい。たとえば、「週刊文春」が芸能人のプライバシーや政治家のスキャンダルを暴く「文春砲」を飛ばしても、学生たちにしてみれば「なんでそこまでやるの?」と少々引いてしまうようだ。

取材者や書き手の過剰ともいえる熱意や入れ込みようについて話しても、どうしてそこまでアツくなれるのか、不思議な気持ちになるらしい。いずれにしても、取材の動機づけや基底にあるものは、大義的なものだけではないことと、取材者それぞれのきわめて個人的な強い思いであるということは、彼らに伝えたいと思ってきた。

だから僕は、「取材とはなにか」という根源的な話から、取材にはさまざまな手法があることを、具体的な作品を通して説明したり、自分の拙い経験や、リスペクトしている同業の方々の仕事を通じて、あの手この手で伝えていく。

するとけっして大所高所から世の中を見渡して、たとえば「ジャーナリズムとは客観中立公正をもって権力を監視して……」みたいな刀を振り回していくこと——そういう取材動機があっても、もちろんよい——が「取材」する人々の動機だけではないことを、なんとなく理解してくれる。人を取材者たらしめるのは、大文字的な大義を背負うときではなく、個人的な小文字の理由や動機が動き出すときである。怒りや疑問、好奇心、これを書かねば死ねないというぐらいの使命感、誰かとの強い約束、百人百様のそれが存在する。そして、その小文字の理由や動機は、その取材者が生きてきた時間のなかでかたち作られてきた「思想」ということになる。

僕自身の個人的な取材動機については、テーマや取材対象によって異なることは当然なのだが、次のようなことは学生に伝えるようにしている。

——相手方の世界に踏み込むときの、高揚感や不安感、緊張感、罪悪感。さらに、文字や「表現」に置き換えることを激しく拒否する——フィクションではなく「事実」に依拠した言葉を選ばなければならない手かせ足かせもある——かのような壮絶な「語り」に出会ったときの逡巡やうろたえ、そんなものがいっしょくたになった複雑な感覚を繰り返し得ることによって、自分が成長していっているという実感を得たいからだ、と。

己がのたうちまわる経験を何度もしてみたいとは、ずいぶんマゾヒスティックだな、と思われるだろう。けれど、そうした取材というマゾスティックな行為が、自分を変え、育てていってくれると僕は大真面目に思ってきた。

取材行為は、相手方にとっては——取材を受けるという行為になる——たいがい非日常的な行為だから、そのことに鈍感にならないようにとも、毎回自分に言い聞かせる。取材のたびに自分を叱責するようなものかもしれない。

それは取材対象が個人であれ、とてつもない大きな組織だったり、光が当てられることがなかった歴史だったりしても変わらない。未知の領域に旅に出るような感覚だろうか。長く堆積してきた地層のようなものに、あるとき「取材」という名目ですっと入り込んでいく。そのとき身体で感じる独特の感覚は忘れられない。スッと入ることができればいい。押し戻されたり、拒絶されたりすることも珍しいことではない。いや、取材とは、むしろそっちのほうが普通だ。

とはいえ、病みつきになる、と言うと大げさな言い方だけれど、そうした感覚をまた味わいたくて「取材者」という仕事を続けているようなところが僕にはある。向き合っていったり、切り込んでいく対象が持つ「社会性」に興味を持つ前に、いま述べたような極めて個人的かつ複雑な感覚も同時に身体の内側に感じる。そこには、いくらでも「大文字」的な理由を付けることができるのだろうけれど、僕の場合も、本書に登場する同業の方々の場合も、きっと、そうじゃない。

さて、本書では同業のみなさんにそれぞれ、お勧めの作品を挙げてもらっている。僕の選書は、以下のとおりになる。本書のテーマに興味を抱いてくれた人に向けて、あえて主に「取材」や「調査」、「書く」、「撮る」ことについて書かれていたり、そして広くノンフィクションの世界を俯瞰することができる本に絞ってみた。

澤康臣著『グローバル・ジャーナリズム』(岩波新書)
野村進著『調べる技術・書く技術』(講談社現代新書)
本多勝一著『〈新版〉日本語の作文技術』(朝日文庫)
石井光太編『ノンフィクション新世紀』(河出書房新社)
柳田邦男 責任編集『同時代ノンフィクション選集』(全一二巻、文藝春秋)
都築響一著『圏外編集者』(朝日出版社)
想田和弘著『なぜ僕はドキュメンタリーを撮るのか』(講談社現代新書)
永江朗著『インタビュー術!』(講談社現代新書)
佐野眞一著『私の体験的ノンフィクション術』(集英社新書)
佐藤優 責任編集『ノンフィクションと教養』(講談社MOOK)

本書は「はじめに」でも触れたように、同業のみなさんが新刊などを出した折りなどにインタビューをさせていただき、「ヤフー個人ニュース」で発表してきたものに加筆・修正を加えたものである。森達也さんとの対話だけは、本書のための語りおろしだ。各対話の末尾に掲載した本や映画などは、本書を編むにあたって付け加えてもらったが、選書をしていない方もいれば、タイトルだけ挙げてくれた方、選んだ理由をていねいに書いてくれた方もいる。

ご登場願った五人の「取材者」たちに心から感謝を申し上げたい。文字おこしを手伝ってくれた、かつて僕の授業を受けていた松井有沙さん、ご苦労さま。この本を提案してくれた皓星社の谷川茂さん、ありがとう。

二〇一七年六月　沖縄県那覇市内の仕事場にて　藤井誠二

藤井誠二（フジイ・セイジ）
1965年、愛知県生まれ。高校時代よりさまざまな社会運動にかかわりながら、取材者の道へ。著書に、『殺された側の論理 犯罪被害者遺族が望む「罰」と「権利」』（講談社＋α文庫）、『人を殺してみたかった』（双葉文庫）、『光市母子殺害事件』（本村洋氏、宮崎哲弥氏と共著・文庫ぎんが堂）、『壁を越えていく力』（講談社）、『「少年Ａ」被害者遺族の慟哭』（小学館新書）、『体罰はなぜなくならないのか』（幻冬舎新書）、『死刑のある国ニッポン』（森達也氏との対話・河出文庫）など著書・対談本など50冊以上。2017年内に沖縄の消滅した売買春街の戦後史と内実を記録した『沖縄アンダーグラウンド』（講談社）を刊行予定。愛知淑徳大学非常勤講師として「ノンフィクション論」等を語る。ラジオのパーソナリティやテレビのコメンテーターもつとめてきた。

僕たちはなぜ取材するのか

2017年8月1日　初版発行

編著者　藤井誠二
発行所　株式会社皓星社
発行者　藤巻修一
編　集　谷川　茂
〒101-0051　東京都千代田区神田神保町 3-10
電話 03-6272-9330
e-mail info@libro-kosesha.co.jp
ホームページ http://www.libro-koseisha.co.jp/

カバーデザイン　小林義郎
本文デザイン・組版　米村緑（アジュール）
印刷・製本　精文堂印刷株式会社

定価はカバーに表示してあります。
落丁・乱丁本はお取替えいたします。

ISBN 978-4-7744-0637-4　C0036